DU MÊME AUTEUR

Roman

LES ENVOLÉS, 2021 (prix Goncourt du premier roman 2022).

Essais

UNE HISTOIRE DES HAINES D'ÉCRIVAINS. DE CHATEAUBRIAND À PROUST, Flammarion, 2009 (avec Anne Boquel).

UNE HISTOIRE DES PARENTS D'ÉCRIVAINS. DE BALZAC À MARGUERITE DURAS, Flammarion, 2010 (avec Anne Boquel).

LES DERNIERS DES FIDÈLES, Flammarion, 2013 (avec Anne Boquel).

LES PLUS JOLIES FAUTES DE FRANÇAIS DE NOS GRANDS ÉCRIVAINS, Payot, 2015 (avec Anne Boquel).

LE CRÂNE DE MON AMI. LES PLUS BELLES AMITIÉS LITTÉRAIRES DE GOETHE À GARCÍA MÁRQUEZ, Payot, 2018 (avec Anne Boquel).

LE TU ET LE VOUS. L'ART FRANÇAIS DE COMPLIQUER LES CHOSES, Flammarion, 2020.

LA VIE MEILLEURE

ÉTIENNE KERN

LA VIE MEILLEURE

roman

nrf

GALLIMARD

Pour Anne.

À la mémoire d'Irène et André Guidetti.

Que serions-nous sans le secours de ce qui n'existe pas ?

PAUL VALÉRY,
Variétés

Voilà une définition du roman : célébrer ceux qu'on aime.

ROLAND BARTHES,
La préparation du roman

L'INVENTION DE LA JOIE

Il n'existe aucune image de cet instant précis. Aucun film, aucune photo. On ne peut qu'imaginer ce bleu, ce rose, ces lueurs douces sur les masses sombres qui viennent d'apparaître à l'horizon. Quelques minutes encore et les masses seront toutes proches, scintillantes par endroits, nettement découpées sur le ciel. Sur le pont, les passagers pousseront des cris de joie, plisseront les yeux vers la lumière. Huit jours qu'ils attendent ça, la statue, les gratte-ciel, tout un monde vertical et aérien.

Aucun film, aucune photo.

S'il y en avait, on n'y verrait que du gris, du noir, du blanc. Ça se passe il y a un siècle, le 4 janvier 1923. Le soleil pointe. Le *Majestic* achève sa traversée. C'est le plus gros paquebot du monde. Deux mille personnes sont à son bord, montées pour les unes à Cherbourg, pour les autres à Southampton.

Chacune d'entre elles mériterait son roman. Il y a là le chancelier de l'Échiquier britannique, venu renégocier la dette de son pays à Washington. Il y a là Stanislavski, l'immense metteur en scène, avec toute la troupe du

Théâtre d'art de Moscou – cinquante-six adultes, cinq enfants. Il y a là ceux dont les noms ne diront rien à personne. Ceux que les journaux ne nomment pas, voyageurs, commerçants, aventuriers. Ceux que personne ne nomme, les damnés, les émigrants, leurs espoirs, leur douleur.

Et il y a ce vieil homme, devant nous, parmi les passagers de première classe, qui semble un peu ailleurs. Il est penché à la rambarde, malgré le vent, malgré le froid. Il regarde les bleus de l'eau, les reflets du métal. Il sourit. Il sourit des lèvres, des yeux, des moustaches. Il n'a pas froid. Le vent du large ne l'effraie pas. Il tient tout entier dans son sourire.

Les gens s'approchent de lui, timidement.

Ils disent qu'il aura bientôt soixante-six ans et qu'il ne les fait pas. Ils disent qu'il a les mains calleuses, les ongles sales. Ils disent qu'en Amérique, les sermons des pasteurs le comparent à Gandhi, à Einstein, à Lénine. Ils disent aussi qu'il est célèbre, et c'est vrai. Il a écrit, un peu. Pas un roman, pas des poèmes. Un petit volume qu'on trouve encore parfois en librairie: *La maîtrise de soi-même par l'autosuggestion consciente.* Il y promet plus que la maîtrise de soi. Il y promet la santé, le bonheur, la confiance, l'allégresse. D'autres, bien d'autres l'ont fait avant lui. Mais ses mots à lui ont trouvé un écho sans pareil. Partout, on s'est arraché son livre. Partout, d'un continent à l'autre, des disciples se réclament de lui et des malades murmurent son nom dans leurs prières.

Pour le reste, sa vie est comme la nôtre, avec ses jours banals et ses jours qu'on n'oublie pas. Il a été enfant. Il s'est marié. Il a perdu son père et sa mère. Il a vu certains rêves s'étioler et d'autres prendre forme. Il a vu son corps vieillir.

C'est un homme, avec ses désirs, ses angoisses.

Il s'appelle Émile Coué.

Il allume une cigarette. Son visage se perd dans la fumée puis la fumée s'en va vers l'océan. Il observe longtemps les gratte-ciel, à chaque instant plus proches. Puis il se lasse, tourne la tête, regarde ceux qui l'entourent, regarde leur fatigue, la surprise dans leurs yeux, la joie toujours possible.

Il sourit.

Quelques minutes encore et le paquebot sera au port. Au même moment, le soleil se lèvera pour de bon. Et pour lui comme pour les autres, il y aura du bleu, du rose et du doré.

Le paquebot est à quai.

Émile Coué jette sa cigarette et s'apprête à descendre. Il tient son chapeau dans une main, un sac de voyage dans l'autre. Quelqu'un se chargera de sa grosse malle plus tard. Il se dirige vers la file de passagers, sur le ponton.

Sur sa droite, soudain, ça remue. Les gens s'écartent, une équipe de reporters surgit. Il pense au ministre, sans doute, ou à Stanislavski, il se retourne. Mais non, c'est lui qu'on vient voir, lui, le guérisseur, le maître, *miracle man.* Un rire nerveux le prend. Il écarte les bras, marmonne quelques mots en anglais, remet son chapeau.

Un cadreur vient d'arriver. Il pose sa caméra à manivelle, jette un coup d'œil dans le boîtier, le déplace légèrement, commence à tourner. La pellicule défile et c'est parti pour quinze secondes d'Émile Coué, seize images par seconde, deux cent quarante images en tout, inscrites à jamais dans le bromure d'argent.

Il porte un manteau noir, un gilet noir, un nœud papillon sur la chemise très blanche.

Il est à droite, quatre hommes le pressent de questions, griffonnent des choses sur leurs calepins. Le plan change, il est à gauche, les hommes sont deux fois plus nombreux. Il se tient contre une paroi, comme acculé. Un photographe tire son portrait. Derrière lui, des rampes de métal, des cordages, des tubes.

Dernier plan, il n'y a que lui, ses yeux brillent. Les rides sont très marquées, harmonieuses. Il hoche un peu la tête, pour remercier, peut-être, ou pour mieux souligner ce qu'il dit. Et que dit-il ? Le film est muet.

Je ne sais pas lire sur les lèvres.

Je ne peux pas l'écouter, je me penche, j'agrandis l'image. La poussière sur mon écran fait comme de la neige. Je pose la main sur son visage.

Il y a des êtres qui semblent là depuis toujours. Il faut les avoir perdus, peut-être, pour mesurer la place qu'ils ont en nous. C'est comme des parents éloignés, d'anciens voisins qu'on retrouve avec une émotion qui nous étonne.

Coué, je ne saurais dire exactement quand j'ai fait sa rencontre. La première fois, je crois, c'est au collège. Une enseignante prononce ces mots : méthode Coué. Je comprends méthode Quies. Je réfléchis un peu, j'imagine : on se bouche les oreilles, sans doute. Un camarade se moque de moi, m'explique, c'est répéter tout va bien, tout va bien.

À l'époque du lycée, je tombe sur un vieux film, un Lubitsch : un thérapeute barbichu, vaguement grimé en Freud, répète vous êtes un chien vous êtes un chien et le patient aboie. Quelques années encore et, de loin en loin, je le croise sur Internet, des allusions ici ou là, des éloges, des railleries. Un prénom : Émile. Plusieurs, même : Émile Francisque Exupère Coué. Naissance à

Troyes en 1857, mort à Nancy en 1926. Un inventeur, à sa manière. Le père de la pensée positive.

Puis il y a ce petit livre coloré, un jour, sur un présentoir de supermarché. Je m'approche, je regarde : *La maîtrise de soi-même par l'autosuggestion consciente.* Je parcours la chose d'un œil distrait. Coué fanfaronne. Il assène. Avec sa méthode, on arrachera les dents sans anesthésie. Avec sa méthode, on ramènera les criminels dans le droit chemin. Une *régénération morale* sera possible. Ceux qui ne le comprennent pas, écrit-il, sont des *arriérés.*

Ça sent la bêtise, la suffisance, les préjugés d'une autre époque. Et puis c'est simpliste, tellement simpliste. Vous avez mal ? Dites-vous « ça passe » et ça passera. Vous êtes malade, craignez de l'être ? Répétez cette phrase vingt fois matin et soir : « Tous les jours, à tous points de vue, je vais de mieux en mieux. » C'est tout ? Oui. Voici la méthode, voici le grand secret : répéter, croire, imaginer. Répétez, croyez, imaginez et la migraine disparaîtra, les cheveux ne tomberont plus, les ulcères seront guéris. Des jours radieux viendront.

Tout va bien.

De temps en temps, j'ignore pourquoi, ça insiste. Je tape son nom sur Internet. De vieilles photos, l'air d'un clown triste, de la tendresse dans son regard. Dans les textes d'époque, on dit son amour des fleurs. On dit « le brave Coué », « le gentil Coué ». On dit son sourire, encore et toujours.

Un soir, j'achète le livre coloré. Les pages de la fin sont

belles : *Fragments de lettres.* C'est une série d'hommages, de témoignages, patiemment collectés par Coué.

Les gens lui disent au secours, merci, *j'éprouve un grand bonheur.* C'est une jambe soudain guérie. C'est une victoire sur l'angoisse. C'est la toux soulagée, la confiance qui revient, l'espoir, la foi. Ces gens s'aveuglent, sans doute. Mais quelque chose vibre là : nos désirs, nos illusions, la vie même. Des hommes, des femmes, la plume tremble dans leurs mains. Ils sont comme nous, ni plus crédules, ni plus seuls. Leur douleur, leur candeur sont les nôtres.

Et lui, Émile Coué ? Il est comme nous aussi. Il aimerait qu'on l'écoute. Il fait sa petite pub. Quelque chose vibre là : comme une fragilité. Chaque lettre qu'il recopie nous dit : Croyez-moi. Aimez-moi.

Plaint-on assez les marchands de bonheur ? Ils ont besoin de notre amour. Ils ne sont rien sans lui.

Depuis le premier jour, dans ces *Fragments de lettres,* il y en a un qui me touche plus que les autres. Une femme écrit. On ne connaît pas son nom.

Elle raconte tout, ses crises d'asthme, son mari sur le front, et puis l'horreur juste après la guerre : la mort du fils unique, dix ans, tué en quelques jours par la grippe espagnole. Vient la rencontre, c'est en octobre 1919 : une conférence d'Émile Coué. Un mois plus tard, dit-elle, l'asthme est guéri. Et quelque part en elle, elle trouve cette force, cette folie-là, d'écrire : *Je suis forte, vaillante, courageuse. Que ne vous ai-je rencontré plus tôt ? Mon enfant aurait connu une maman gaie et courageuse.*

Je lis ces mots, je pense : Irène.

Ma marraine. Une maman gaie et courageuse. Je pense à ses deux filles, à son fils qu'elle a perdu. Je pense à sa bonté. Je la vois avec André, son mari, mon parrain. C'est l'automne, leur petite chambre, André est alité. Irène est tassée dans son fauteuil, à la fenêtre. Elle dit : On a de la chance, on est ensemble. Elle regarde les arbres, le ruisseau qui passe par là-bas. Des écureuils viennent parfois, elle les attend. Elle grimace, c'est son dos, ou ses jambes, la douleur est partout. Ensuite la grimace s'en va, elle prend ma main : Je suis contente de te voir.

Son sourire est radieux, presque irréel.

Je m'approche d'André, il s'accroche à moi quand je me penche pour l'embrasser. Des mondes passent dans son regard.

Puis les images se brouillent, la lettre est devant moi, le livre coloré.

Plusieurs mois plus tard, en novembre 2020, mon père m'appelle. Ils sont à l'hôpital, tous les deux, Irène et André. Ensemble. Réanimation, étouffements. C'est la maladie dont tout le monde parle.

Je pose le téléphone. Dehors, la nuit soudain plus large. L'ordinateur, le halo bleu. Je tape : Émile Coué.

Venu d'où ? De très loin. De ma peur. De mon amour. Du mensonge que j'avais besoin d'entendre ce soir-là : Tout va bien. Et d'un coup le voilà, comme une présence restée secrète. Comme une manière d'être avec eux.

Notre visage n'existe pas. Il est fait de tous les autres. On n'y voit que ceux des autres.

Son visage à lui, c'est d'abord cette image, la plus ancienne qu'on ait de lui.

Il a quatre, cinq ans peut-être. On est au début des années 1860, à Troyes. Il y a sa mère, Catherine, encore toute jeune. Il y a son père, Exupère, quarante ans passés, le visage dur.

Je les vois.

Je vois le photographe, sa grosse machine, son vieux chapeau. L'atelier sent la poussière, l'alcool. Des rideaux épais, des colonnettes, tout un décor en carton-pâte. Une toile tendue pour le fond gris. Émile a peur. Ses sourcils sont froncés, ses mains l'une dans l'autre, bien à l'abri, bien au chaud sur la jupe de sa mère. Catherine sourit légèrement, le visage est régulier, le regard un peu lointain. Le père dit quelque chose, il est adossé contre un mur, il est pressé, il prend toute la place, agacé déjà, sa casquette à la main, une casquette énorme, très sombre, l'écusson brille.

C'est son tour, le photographe lui montre une chaise, il s'installe lourdement. Il a voulu ça: une autre photo, pour lui seul, Exupère Coué, employé aux chemins de fer. Il choisit la pose, aussi : un avant-bras sur une table, l'autre sur la casquette, les plis dans l'uniforme, l'air impénétrable. Barbiche, joues creuses, pommettes saillantes.

Il se relève, jette l'argent sur la table, c'est terminé. Émile et Catherine le suivent sans dire un mot. Il marche vite, il compte, il calcule. Il est ailleurs, déjà, dans la mélancolie des gares. Il est devant ses trains, le doigt sur sa montre. Catherine s'attarde un peu sous les arbres. Émile trottine.

C'est l'enfance. C'est l'enfance lente comme un dimanche d'août. Il n'a ni frère ni sœur. Les trains arrivent, les trains s'éloignent, sans surprise et sans mystère. Une cloche sonne, son père pose une main froide sur son épaule, sa mère regarde les nuages. Il s'ennuie, il court à travers les rues, il regarde les nuages lui aussi, sans savoir qu'y chercher. Parfois, son père pousse un soupir, évoque son enfance à lui, la Bretagne verte et les demeures de granit, son propre père qui signait *Coué de La Châtaigneraie*, son grand-père, sieur de Latouche et sénéchal de Sérent.

Car Émile Coué vient de là, de la noblesse d'Ancien Régime, des longues cavalcades féodales sur une lande. Je lis ça dans les archives, j'admire les signatures, je note les graphies dans un carnet – tantôt Coué, tantôt Coüé, une, deux syllabes. Mais rien n'en est resté, ni le nom, ni l'argent, Exupère baisse la tête en rajustant sa casquette de cheminot. Émile détourne les yeux, n'ose rien dire. Il a peur de blesser. La seule présence du père le tétanise.

Sa mère raconte elle aussi, il y a du rêve dans sa voix, elle raconte l'atelier, son père à elle calandreur, le papier qu'on écrase, qu'on ajuste, qu'on lisse avec amour, la vie urbaine, l'église du quartier, les cheminées sur les toits. Et tout en parlant elle se met à sa hauteur, elle renoue ses lacets, prend sa joue dans sa paume, lui montre les essaims d'oiseaux qui battent des cils là-haut ou les cercles dorés que font les cailloux sur la Seine. Elle dit regarde et il regarde, elle dit le mot joie qu'il répète après elle, et alors la joie passe des oiseaux aux cailloux sur la Seine, elle passe sur son visage, elle passe partout où elle la montre, sur l'arbre mort du boulevard, sur les rideaux sombres du salon, sur le sarrau noir des écoliers. Elle dit encore la joie se ramasse, la joie se cueille, elle est une chose concrète, avec un poids, une forme, des contours, elle est dans le brin d'herbe qu'on peut toucher et la fenêtre qu'on peut ouvrir.

Puis c'est le soir et la petite chambre, Émile tourne les pages d'un livre d'images pieuses, les disciples sur la barque, le doigt levé du Christ, les aveugles qui voient et les paralytiques qui marchent. Les lueurs vacillent, de larges ombres tombent autour de lui, il s'endort sous des essaims d'oiseaux et n'entend pas sa mère venue souffler sur la bougie.

Il ne voit pas sa tristesse de grande personne.

Tout cela, je l'invente, bien sûr, je fais du Coué : j'imagine.

Pour l'heure il a dix ou douze ans. Son père est avec lui, la main crispée sur sa montre, la tête pleine de chiffres. Les chiffres deviennent des dates, les années passent et la famille s'en va. Nogent-sur-Marne, d'abord, puis Montmédy, dans la Meuse. Pour finir, la ville de Troyes, comme au début. Exupère est fatigué des mutations. Il est presque vieux, maintenant. Il grogne. Il serre les poings. Catherine pose des fleurs sur la table en attendant les jours meilleurs.

Émile a grandi, il rêve aux cavalcades, peut-être, aux châtaigneraies bretonnes, ou alors il ne rêve pas : il travaille, il est bon élève, le voici déjà bachelier. Il veut devenir chimiste. Le père refuse : études trop longues, trop coûteuses. Il sera pharmacien, c'est-à-dire d'abord stagiaire, puis commis : il sera nourri, logé, blanchi. Il s'inscrira bientôt à l'École supérieure de pharmacie, rue de l'Arbalète, à Paris.

Émile accepte. Il a peur. Il a vingt ans. A-t-il jamais été jeune ? Il veut plaire à son père. Il veut un jardin, des chats, de la douceur, quelqu'un qui l'aime, plus tard. Être heureux à sa manière : un bonheur discret, paresseux, un bonheur bien à soi. Paris l'effraie. Les jeunes loups et les pontes de la Faculté dessinent un monde qui ne sera jamais le sien. Émile Coué, pharmacien : ce sera bien assez. Peu importe où. À Troyes, si possible.

Il rentre au pays tous les étés. Son père l'attend sur les quais, chaque fois plus sombre. Il l'interroge sur son classement, sur ses notes, écoute à peine. Émile meuble comme il peut, les ponts sur la Seine, la beauté de Notre-Dame, le froid qu'il fait dans sa chambrette le soir. Exupère ne parle plus. Dans ses yeux, Émile lit : Non. Ou : Pas assez. Ou : Pas toi.

La mère ouvre la porte, elle a les traits tirés, c'est

pire d'année en année. Émile lui tend des fleurs, elle les met dans un vase. Il dit, d'une voix complice : La joie se cueille. Elle le regarde et répond : Mon fils. Ou alors : Les choses changent, tu sais. Ou alors : C'était il y a longtemps.

Est-ce qu'il comprend, Émile ? Il devine, sans doute. Son père va mal alors sa mère va mal. Son père est un grand trou, une spirale. On se penche et on tombe. Ça n'a pas de nom, c'est fait de douleur, de colère et de silence.

Émile baisse les yeux. Il attend. Les bouquets fanent. Puis les années passent, encore, et c'est le retour pour de bon. Il descend du train, sa mère l'embrasse sur le front, il est pharmacien de première classe, il est pris comme associé, il est barbu, il est serré dans un costume noir trop étroit pour lui, la cravate de travers, souriant, souriant comme personne, et il nous tend les bras derrière le comptoir d'une officine.

J'aimerais saisir cet instant-là, ce sourire-là. Les faire durer.

Il est là dans son monde, avec son corps un peu gauche, sa vie qui commence, ses rêves encore flous, sa joie d'enfant pas tout à fait perdue. L'Amérique n'est qu'un nom sur une carte. La méthode Coué, un vague possible parmi tant d'autres.

Autour de lui, les pots de faïence, les mots latins, les petites étiquettes. La poussière sur le comptoir. Le halo des réverbères à travers la vitrine.

Ces mots dehors, sur la devanture : *Pharmacie rationnelle de l'Aube.* On est à Troyes, au numéro 2 du mail des Tauxelles, tout près du cirque municipal.

Pour Émile, c'est la ville natale. Ça veut dire qu'il connaît l'odeur des façades, les reflets sur la Seine, le bruit des pierres dans le canal. Ça veut dire qu'il a été heureux ici. Qu'il y a été triste. Qu'il y a connu des choses qui ne reviendront plus jamais.

Vingt-cinq années, déjà. Un quart de siècle. Plus d'un tiers de sa vie.

Ses parents ont vieilli. Exupère ne travaille plus. L'argent manque. Émile commence à en avoir, la pharmacie tourne assez bien ; il propose son aide. Et s'il leur versait une petite somme chaque mois ? S'ils quittaient leur appartement pour vivre dans le sien, plus spacieux, plus aéré ? Le père refuse sèchement. Il est plein d'une fierté d'un autre âge, rongé par ce nom qu'il ose à peine prononcer, Coüé de La Châtaigneraie, avec cette particule juste bonne à l'humilier.

Dans la rue, il marche toujours trois pas derrière Émile, ou devant, jamais à sa hauteur.

Il est fier, pourtant, Dieu sait s'il est fier de son grand fils pharmacien, de ses diplômes, de ses belles phrases qui sonnent bien, et s'il le dit à qui veut bien l'entendre. Mais face à Émile, une pudeur étrange l'empêche de le montrer. Les seules paroles qu'il trouve sont dures. Alors il baisse la tête, plus amer encore, fatigué d'être lui-même.

Émile s'accroche à ce qu'il a, les petits gestes, un mot sur la pluie, un silence partagé. Il s'accroche à sa mère, aussi, comme autrefois, sur la première photo. Le dimanche, ils font de longues promenades tous les deux, le vieux centre, le canal du Trévois, ou la Seine, un peu plus loin. Au retour, quelle que soit l'heure, ils s'arrêtent à la cathédrale.

— Pour ton père, dit Catherine.

Ils allument chacun un cierge. Catherine s'agenouille, Émile reste debout, les mains derrière le dos. Il regarde les vitraux, ou les petites lumières qui tremblent, ou sa mère, devant lui. Elle a cette force-là : elle croit. Elle croit au Père, au Fils, au Saint-Esprit et à tous ses souvenirs de catéchisme. Elle croit au miracle toujours possible, à des choses qui s'allègent soudain. Aux jours meilleurs, dans cette vie ou dans l'autre.

Émile croit, lui aussi. Il croit que la codéine soulage la toux. Il croit que l'eau de Plombières est la meilleure pour soigner les rhumatismes et que l'eau ferrugineuse arsenicale est la plus indiquée pour l'eczéma. Pour le reste, il ne sait pas. Dieu ? Oui, sans doute. Ces bougies, peut-être. Quelque chose veille. Quelque chose veille et ne s'éteint jamais. Ça lui suffit. Ça le console par avance.

Alors il prie, lui aussi, à sa manière, en bâclant, les lèvres closes, deux ou trois formules répétées dans sa tête, Maman, Maman, s'il Te plaît, veille sur elle s'il Te plaît. Quand la prière est dite, il se sent bête et c'est toute une enfance qui surgit, de grands arbres, le vent froid, l'ennui, les cercles dorés. Puis Catherine se relève, elle prend appui sur son bras et ils restent un moment, silencieux, devant les petites lumières.

Dehors, les mots reviennent, Émile viendra-t-il dîner cette semaine ? N'a-t-il pas rencontré quelque jolie cliente dont il pourrait faire sa femme ? L'air est doux, il neige, les arbres sont en fleurs, les feuilles d'automne tombent. Ils pensent au père, encore un peu, puis ils n'y pensent plus.

Émile est jeune, il est pressé, il n'a que faire des brumes féodales et des noms à rallonge, il aime les mots brefs et les choses simples.

Et voici qu'il sourit de nouveau, derrière son long comptoir bien rangé, lisse comme sa vie.

J'ignore pourquoi j'insiste sur ce mot, comptoir. Mais c'est l'image qui me vient, je ne vois plus que ça, cette longue barrière qui nous sépare, avec Émile penché là, ce geste lourd, les deux paumes à plat, solidement plantées. Il y a chez lui cette pesanteur qui prend appui, il cherche une illusion dont j'ai besoin, moi aussi : quelque chose tient, un support, une base. Et au moment d'écrire ces lignes, mes poignets pèsent sur ma table, j'aimerais m'ancrer quelque part, trouver de quoi fonder ces spirales que je ne cesse de refaire, d'effacer, de tordre encore, sans jamais trouver le mot juste.

Mais j'ai beau peser de tout mon poids, j'ai beau faire trembler la table – pas une table, d'ailleurs, une planche sur des tréteaux, rien de stable ici non plus, mes carnets vibrent, mes crayons vibrent –, les spirales se dérobent et se perdent, toujours pauvres et toujours vaines. Par là aussi ça s'échappe, ça repose sur des nuages, mon Émile est une vitre qu'un rien pourrait briser ; je suis devant cette vitre et j'y dessine des figures.

J'ai huit ans, j'ai dix ans. On est chez Irène et André,

dans leur village, c'est ce qu'ils appellent *le pré*. Ils passent là leurs dimanches, leurs étés. Des fleurs, un hangar rempli de bois, des chaises longues, un potager, la rivière coule à côté. Les glaïeuls s'ouvrent, Irène m'aide à construire une balançoire avec une planche posée sur quelques briques. André s'allonge, s'endort, oublie la clinique, les brancards, son métier d'infirmier. Irène retourne un peu la terre, longe la rivière, elle oublie le travail en cuisine, la récolte du tabac, les patrons qui exploitent. Il fait chaud, je demande quand on rentre. Mais eux sont bien là-bas, c'est l'insouciance, la vie habitée, leurs jours bleu et vert sous les arbres.

J'ai six ans, j'arrive devant leur petite maison rose, pas loin du pré, je retrouve la cour et l'ancienne grange. À l'intérieur les pots de fleurs, les jouets, le chat roulé en boule, distant, insensible à la joie comme à la peine. Ça sent le sucre et le beurre frais, je m'en souviens encore, je sens l'odeur comme on sent l'odeur des jours d'avant, ceux où l'on était choyé, observé, un peu au cœur du monde. Irène prépare des roses des sables.

J'ai tous les âges de l'enfance. Je suis à la maison. Ils viennent me voir chaque année, pour ma fête, le 26 décembre. C'est Noël après Noël. Je guette à la fenêtre, je vois la route, un bout de route derrière les arbres et les maisons. Je connais leur voiture, j'attends qu'elle apparaisse, je n'aurai plus qu'à compter jusqu'à trente et ils seront là, j'aurai des cadeaux, la buée danse sur la vitre.

J'ai trente ans. Ils ne vont plus au pré. André est allongé, il bouge à peine, attaque cérébrale. Irène, le dos plié, ne quitte plus son fauteuil. Elle lève la tête, elle dit : Ouvre le tiroir, là-bas. À l'intérieur, des tablettes de chocolat. Elle me sourit, elle dit encore : Tu vois, je pense à toi, rien n'a changé.

J'ai quatre ans. C'est mon plus vieux souvenir. Il écrase tous les autres. Je suis chez eux pour quelques jours, c'est l'hiver. Je suis un peu leur fils. Irène prépare un bain. Je ne veux pas de bain. Je veux le pistolet jaune qui fait du bruit. Dans ma mémoire, juste après, Irène pleure dans la cuisine. Sur le frigo ou sur le four, un petit papier gris, découpé dans un journal. Irène le prend, me demande si je sais lire. Elle me montre les lettres. Je ne comprends pas les mots, ça parle d'une église, ça annonce une date. Le papier est froissé. Je sais lire les capitales. Il y a un J, un O, un Ë, un L. C'était le prénom de leur fils.

Irène pleure un peu plus fort. Je regarde dehors.

Pourquoi neige-t-il toujours dans les souvenirs d'enfance ?

Un jour, c'est Lucie.

Rencontrée où ? Nul ne le sait. À un mariage, sans doute, à Troyes. Lucie vient de Nancy, plus à l'est, il faut des heures de train pour y aller. Son père, Victor Lemoine, a le plus beau métier du monde : horticulteur. Il fait vivre des fleurs. Plus que ça, même, il crée des fleurs. Il les croise, les amadoue, joue avec elles. Et dans son domaine, c'est une sommité : floraison de médailles et ruban rouge sur le veston. Si vous avez des lilas dans vos jardins, c'est grâce à lui.

La rencontre, donc. Lucie est brune, ses yeux brillent très fort, elle l'impressionne. Elle parle anglais, allemand, italien, connaît un peu de russe. Elle excelle au piano. Elle vient de rompre ses fiançailles. Son père avait trouvé pour elle un officier lorrain, Poirine. Le jour prévu, les invités sont arrivés, elle n'est pas venue. Le père a crié, la mère a pleuré, elle a dit non.

Émile n'a pas les médailles de Poirine, il n'a pas sa silhouette fine, son regard fier. Il sourit. Il l'écoute. Il sait la faire rire. Qu'en dit le père Lemoine ? On ne sait pas.

Il accepte, il renonce, il se réjouit peut-être d'avoir casé l'aînée de ses enfants.

Alors vient le 30 août 1884. On est à Nancy, église Saint-Pierre. Lucie fête le même jour ses vingt-six ans. Les parents d'Émile font le voyage. Les photos, s'il y en a eu, sont perdues, mais c'est comme si on y était, les beaux habits, les discours, les deux familles qui se toisent. Sur l'acte d'état civil, à l'endroit des signatures, Exupère Coué souligne son nom deux fois. Victor Lemoine souligne son nom deux fois puis l'entoure d'un ovale presque parfait. Le trait est plus épais, l'encre même paraît plus noire ; on devine la main, le geste qui s'impose.

Lemoine est un homme riche. Il fréquente tout ce que Nancy compte de costumes galonnés, d'écharpes tricolores ou d'ombrelles colorées. Sur les portraits qu'on a de lui, le visage est sévère, l'habitude d'être obéi visible d'un seul coup d'œil. Son regard est celui qu'il porte sur son petit empire, son armée d'employés, les serres et les prairies qui sont à lui, tout au bord de la ville, vers Vandœuvre.

Face à ce regard, Émile se fait discret. Sa pharmacie l'appelle. Sa vie, pour le moment, est à Troyes. Sa vie, pour le moment, c'est l'inquiétude de ses clients, la supplique qui se terre dans leurs yeux. C'est leur visage quand il leur parle.

Car il parle, Émile. Il a compris qu'un mot de plus n'est jamais vain, que l'effet d'une poudre ou d'une potion est plus puissant quand on l'a présenté comme tel. Il aime rassurer. Il aime expliquer.

Il écrit même un fascicule qu'il fait imprimer à ses

frais, en huit pages sur papier bleu. Le titre prend toute la page, il est bavard comme lui :

GUIDE DU MALADE DANS LES PHARMACIES

ou

Tarif général des médicaments,

suivi d'instructions pour la préparation
des Bains, Tisanes, Fumigations, etc.
pour les premiers soins à donner, en attendant l'arrivée
du Médecin, dans divers Accidents et cas d'Empoisonnements,
et pour les secours aux Noyés et autres asphyxiés.

Mais on l'écoute, Émile. On l'aime bien. On fait la queue, mail des Tauxelles. Et l'année de ses vingt-sept ans, il entre même au conseil municipal. Il découvre les longs discours et les petites combines, les palabres, le bluff. Il aime ça. Il aime ce pouvoir, le seul qu'il ait jamais eu : la parole.

Il trouve à peu près ce qu'il cherche depuis toujours : un regard où vivre.

Lucie le regarde, elle aussi.

Dans la belle maison où ils s'installent, derrière la pharmacie, ils apprennent à se connaître. Elle raconte les matinées d'enfance et les grands parcs, les floraisons, le piano. Il dit les tableaux noirs, les études à Paris, la vie de chimiste dont il rêvait, d'abord. Lucie aime Schumann, Émile préfère Mozart. Lucie aime le soleil levant, Émile préfère les couleurs du soir. Ils parlent, ils rient, tout étonnés d'être là, ensemble, pour longtemps. Ils se chamaillent, se blessent sans le vouloir, s'apprivoisent.

C'est la maladresse des commencements. C'est leur premier été.

Ils se frôlent avec d'infinies pudeurs. Ils découvrent l'un et l'autre le poids d'une chevelure, la tiédeur d'une peau, la grande fatigue après l'amour. Ils découvrent les faux pas, ce qu'il ne fallait pas dire et combien l'on dépend toujours les uns des autres.

Le soir, ils vont marcher, Émile veut qu'elle sache tout des lieux de sa jeunesse, les rues longues, l'immeuble où vivaient les grands-parents, les quelques marches qu'il enjambait sur le chemin de l'école. Il a peur, parfois, qu'elle ne voie pas leur magie, qu'elle se lasse ou s'agace, mais non, elle les adopte, les quelques marches et les façades d'autrefois, le vieux canal, les cercles dorés sur la Seine, la silhouette un peu pataude de la cathédrale où, parfois, avec Catherine, elle va se mettre à genoux. Émile les accompagne, quand il peut.

Leurs prières sont les mêmes : un enfant. Ils en rêvent depuis le premier jour. Quand le soleil se lève, quand le soleil se couche. Aujourd'hui, peut-être, ou demain, Lucie tournera son visage vers Émile et dira : Ça y est. Je le sens.

En attendant, Émile bâtit des plans à n'en plus finir, le berceau là, une chambre à l'étage, il faudra faire des travaux, abattre une cloison, percer une fenêtre pour la lumière. Et le voici lancé, il décrit, il raconte, la voix chaude et toujours plus vibrante, il raconte les jours d'après, trois filles au moins, toutes pianistes, toutes magnifiques, un fils aussi, un seul, il sera pharmacien, bien sûr, pépiniériste, peut-être, leur premier mot à tous sera Maman, puis Lucie, puis bégonia, puis pharmacopée et à la fin, vraiment à la toute fin, si Dieu le veut, il y aura Papa.

Lucie lève les yeux au ciel, le gronde, le chasse de la chambre, il est impossible, vraiment, elle aurait dû épouser l'autre, Poirine, le soldat, elle aurait eu de l'allure en portant ses médailles ! Alors ils partent d'un grand rire, tous les deux, amoureux comme jamais.

Est-ce que c'est le bonheur ? Oui, sans doute, ou presque.

Une saison passe, puis une autre.

Certains soirs, ils ne rient pas. Émile s'approche de Lucie, pose une main sur son ventre, très légèrement. Elle fait non de la tête. Pas encore, toujours pas, rien.

Il dit : Le mois prochain.

Elle répète : Le mois prochain, oui.

Émile monte l'escalier, Lucie reste seule un moment, près de la fenêtre. Elle murmure des prières.

Catherine prie, elle aussi. Chez elle, à la cathédrale, chez eux. Elle attend cet enfant comme une nouvelle jeunesse.

Quand elle leur rend visite, c'est de longs discours sur ce qu'ils vivront un jour, les langes, les dents qui sortent, les cris pendant la nuit. Quelque chose la ramène toujours là, vers les premières années d'Émile. Et peu à peu, elle fend l'armure, elle suggère, laisse deviner : depuis ces années-là, son mari est devenu un autre homme, ou c'est elle qui a changé, dans tous les cas ça dure et ça empire. Le grand trou. La spirale. La chose énorme qui est sur lui, plus énorme et plus noire chaque année. Neurasthénie, humeurs noires, affaiblissement cérébral ? Émile ne sait pas, il lâche ces mots comme ça. Son père refuse d'aller voir un médecin, de toute manière. Il est peut-être méchant, tout simplement.

Émile soupire. Il voit son père, son regard sur lui, ses yeux qui disent : Non. Ou : Pas assez. Ou : Pas toi.

Catherine acquiesce en silence.

De temps en temps, quand il est dans un bon jour, Exupère passe les voir, lui aussi. Face à Lucie, il a fini par baisser un peu la garde. Il n'oublie pas tout à fait qu'elle vient, comme il dit, de chez les riches ; que ses bottines sont neuves ; qu'elle porte de la soie ; qu'elle a parfois des élégances d'expression qui l'arment contre elle. Mais enfin, il l'apprécie à sa manière. Elle l'écoute. Elle joue au piano pour le distraire. Elle s'intéresse à ses histoires de granit et de châtaignes, à ses rancœurs sans fin, à ses rudesses. Et puis, c'est qu'il en rêve, lui aussi, de cette grossesse sans laquelle s'éteindra la lignée de ses pères.

Quand il est reparti, Émile demande :

— Il va un peu mieux, non ?

Lucie inspire profondément puis dit :

— Je crois qu'il aime ça, au fond.

— Quoi ?

— Son malheur.

1884, 1885, peut-être. C'est l'hiver, c'est l'automne, on ne sait pas trop. Dehors, cette lumière d'après la pluie qui, à elle seule, nous est un réconfort. La porte de la pharmacie s'ouvre. Une femme. Elle souffre. Elle réclame des cachets, une fiole, n'importe quoi, quelque chose qui la soulage.

Émile fait non de la tête : pas d'ordonnance. Elle insiste, elle veut du laudanum. Il se tait, réfléchit un moment, lui adresse enfin ce sourire désarmant, sincère et commercial qu'on lui verra toujours plus tard. Sa voix est douce, il demande un instant. Dans l'arrière-boutique, il prend de l'eau distillée, du sucre, du colorant. Sur le flacon, il écrit des mots savants, des dosages. Il revient, tend la chose à la dame, attention c'est très dangereux, deux gouttes maximum.

Le lendemain, la femme est de retour, elle veut juste dire merci, le remède est une merveille.

C'est l'hiver, c'est l'automne, en tout cas c'est un grand jour. Une leçon qu'Émile méditera jusqu'à sa mort : l'imagination fait tout. Effet placebo, oui. Il a compris ça.

Qu'avant le remède, il y a le désir de remède et le besoin de croire.

Quand il rentre, Lucie le regarde avec douceur, la tête posée dans le creux de la main. Il ne tient pas en place, passe du fauteuil à la chaise, lui prend les bras, redit les mêmes choses : la femme y a cru, elle va mieux, elle va guérir. Lucie le suit des yeux, amusée, fatiguée, elle connaît cet enthousiasme, cette candeur dans la voix, cet élan né des minces victoires. Elle voit son père, le magicien, il est penché sur ses pots, il tient un pinceau ou de petits ciseaux, il coupe une étamine, agace un pistil, prélève du pollen, court d'une fleur à l'autre, porté par ce désir : hybrider, croiser, raviver, et plus encore, peut-être, donner un nom. Seringats *Boule d'argent* et *Fleur de neige*, glaïeuls *Nuée bleue*, bégonias *Triomphe de Nancy*, c'est chaque année de nouvelles inventions.

Elle rêve un instant. Elle pense à ce cadeau qu'elle a reçu lorsqu'elle avait treize ans : une fleur à son nom, la clématite *Lucie Lemoine*. Des feuilles d'un vert très sombre, des pétales d'un blanc doux, presque rose.

Émile boit un verre d'eau, il recommence, rejoue la scène, la revit. Lucie murmure quelques mots qu'il n'entend pas. Elle a toujours la tête dans la main, elle se dit qu'ils se ressemblent, son père et lui, c'est le même bonheur dans les yeux, l'enfance pas tout à fait partie, l'amour pour les mots. Le même espoir, aussi : la graine sera fleur et les malades seront guéris. Floraison, guérison.

La terre noire, la poudre blanche. C'est presque la même chose, l'amour du geste sûr, le goût pour les mélanges, la patience. On est avant les tubes, les boîtes toutes faites, on est avant l'aspirine même : un pharmacien, c'est encore quelqu'un qui écrase des herbes sèches dans un pilon, quelqu'un qui pèse, compte des gouttes, colle des étiquettes. Presque un artisan.

Presque un artiste.

On y est, c'est fait. L'événement a eu lieu, la nouveauté, l'étincelle. Émile est un autre homme. Plus tout à fait pharmacien, pas tout à fait menteur : guérisseur, peut-être, ou comédien. Durant toute son existence, désormais, il portera dans ses deux mains cette joie et ce fardeau : revivre ce moment. Se tenir devant nous et nous dire : J'ai quelque chose pour vous. J'ai trouvé une solution. Vous irez mieux demain. Vous aurez une vie meilleure.

Tant pis si c'est mentir, tant pis si c'est faux, tant pis s'il n'y a rien, si la suite est pire. L'illusion est un secours. Le seul secours, peut-être.

Nancy.

Miroirs, bibelots de nacre, flamboiements de couleurs. Des fleurs, partout. On est chez les Lemoine, les parents de Lucie. Elle est là pour quelques jours, avec Émile.

Au cours du dîner, Émile glisse un mot : psychologie.

Adolescent, il se rêvait chimiste. La pharmacie l'a ramené là : non pas aux dosages et aux coupelles, mais à ce qui s'observe, aux expériences. Qu'observe-t-il ? Les gens. L'inflexion de la voix quand on a peur. Notre besoin sans fond d'aller mieux. Ce que la parole peut faire sur nous. Car depuis l'épisode du laudanum, il s'intéresse à ce mystère : l'esprit humain.

— Psychologie, reprend Lemoine d'une voix lente. Il faut aller voir Bernheim.

Bernheim est professeur à la faculté de Nancy. C'est l'autorité même. Ses articles, ses livres sont débattus partout. Depuis Paris, Charcot le regarde avec le mépris qu'on affiche pour ceux qu'on craint. Freud lui-même fera le voyage pour le voir.

Émile écoute, enregistre, il a déjà entendu ce nom.

Le lendemain, le surlendemain, il se présente chez Bernheim. Un domestique le toise.

— Et que lui voulez-vous ?

Émile bafouille. Psychologie, esprit humain, et si l'on soignait aussi sans les médicaments ?

Le domestique demande :

— Le professeur vous connaît-il ?

— Non.

— Quelle faculté de médecine ?

— Je ne suis pas médecin.

— Mais alors, qu'êtes-vous donc ?

Émile, son chapeau dans les mains, tout contre son cœur, prend une grande inspiration et finit par répondre :

— J'ai une pharmacie à Troyes, mail des Tauxelles, tout près du cirque municipal.

Le soir.

Lemoine se tamponne les lèvres avec une serviette blanche. Une horloge sonne. Un peu de poussière voltige devant la lampe. Sur la table, une corbeille, quelques pommes.

Lucie intervient :

— Si Bernheim ne veut pas te recevoir, pourquoi pas Liébeault ? Il est venu dîner ici un soir, je me souviens.

Liébeault, c'est autre chose. Un drôle d'homme. Silhouette frêle, visage habité. Docteur en médecine, mais croyant dur comme fer en l'eau magnétisée ou en l'imposition des mains. Son credo ? L'hypnose. Des dizaines de personnes se pressent chaque jour dans sa clinique. Des pauvres, pour la plupart. Il est à peine moins pauvre qu'eux. Il ne leur demande pas d'argent. Il passe pour un fou, pour un saint, pour un apôtre. Quelques années plus tôt, le très sérieux Bernheim est allé mener l'enquête chez lui, bien décidé à démasquer l'imposteur. Il est revenu fasciné. Depuis lors, l'éminent professeur prend fait et cause pour lui, introduit ses méthodes à l'hôpital, théorise les bienfaits de l'hypnose thérapeutique et le pouvoir de la suggestion. C'est justement sur ces questions qu'il polémique avec Charcot. L'hypnose n'est pour Charcot qu'un état maladif, un état *féminin*, un truc d'hystériques. Bernheim ricane, hausse les épaules, lève un index professoral vers le ciel : l'hypnose est un sommeil provoqué qu'on pourrait susciter chez tout le monde et, surtout, dont les médecins pourraient tirer profit.

Et notre Émile, lui, qu'en pense-t-il ? Il ne pense pas encore, il est en route, il se dirige vers chez Liébeault, à Nancy, dans la rue qui porte aujourd'hui son nom, une voie modeste, le chemin de fer passe juste à côté.

La porte est grande ouverte. Émile regarde autour de lui, c'est une maison tout en hauteur, très étroite. Au bout du jardin, une dépendance donne directement sur le trottoir. Liébeault l'emmène là, les malades commencent à arriver. Émile voudrait parler, solliciter l'avis du maître, exposer ses constats. Liébeault hoche la tête, il ne croit guère aux idées, aux débats, il lui demande d'attendre, de voir et de comprendre.

Un vieil homme s'avance, c'est la tuberculose, ou un ulcère, ou l'épuisement, peu importe, Liébeault le regarde à peine, le fait asseoir, lui pose la main sur le front et dit, d'une voix étrange, très basse : Vous allez dormir. Puis il lui ferme les paupières d'un geste brusque, prend ses bras, les fait tourner – je n'invente pas cela, j'ai lu des témoignages –, dit qu'ils tourneront tant qu'il l'aura décidé, fait tourner ses propres bras, parle, parle encore, très vite, sa voix vibre, c'est presque un cri, c'est violent, c'est sauvage, vous allez guérir, vous allez guérir, votre douleur va disparaître et votre sommeil sera bon. Des tours, encore des tours, la sueur perle sur les fronts, la voix s'adoucit, Liébeault pose la main sur la main du malade, il esquisse une caresse dans sa paume, il parle bas, tout bas, c'est maintenant, c'est le réveil, vous êtes guéri.

Personne ne rit ?

Eh bien non, personne ne rit. C'est gratuit. C'est le spectacle. L'hypnose est à la mode.

Le vieil homme ouvre les yeux, vacille un peu sur sa chaise, se relève. Sait-il seulement ce qu'il ressent ? Il va sur le banc et c'est au tour de quelqu'un d'autre.

Émile est foudroyé.

Ensuite c'est le retour à Troyes, la vie grise, rétrécie.

Ils descendent du train, Lucie a le cœur lourd, elle pense à ses parents, à son frère, à sa sœur Marie. Émile ne dit rien, il est encore là-bas, chez Liébeault. Les paroles remontent, cette très légère vibration des choses autour de lui, son assurance, sa foi.

Il veut être cet homme.

Plus tard, devant son miroir, il n'a de cesse de reproduire les gestes, le discours. Il a trouvé son combat, son petit empire à lui.

Le lendemain, derrière son comptoir, il est presque déçu quand les clients arrivent. Ils demandent des poudres, des flacons. Il aurait tellement plus à leur offrir.

À midi, lorsqu'il revient, Lucie lui prend la main. Il a l'air si soucieux… S'agirait-il de son père ? d'histoires d'argent, avec la pharmacie ? Émile la regarde, vaguement surpris, vaguement coupable, comme un enfant pris en faute. Bientôt, les mots sortent. Liébeault, faire comme lui. Essayer, du moins. Il suffirait de quelques chaises, un fauteuil, peut-être. Un banc ferait l'affaire, à défaut. Il y a l'arrière-boutique, ou le petit hangar, dans la cour, derrière les caisses et les bouteilles vides, ce serait mieux encore.

Lucie répète lentement ce nom, Liébeault. Il lui faut quelques instants pour le trouver dans sa mémoire. Une image lui traverse enfin l'esprit : un vieux barbu, les bras écartés, le regard fou.

Émile, déjà, quitte la table. Il a des choses à faire, des idées à noter dans un carnet, un livre à lire.

Lucie reste seule.

Elle a froid.

Dès le lendemain, tout est prévu.

Ce sera dans le petit hangar, oui. Dans huit jours. Un mardi. En fin de journée, pour qu'il y ait un maximum de monde. Lucie accueillera les gens. Lui commencera par dire quelques mots, juste l'essentiel : expliquer sa démarche, mettre en confiance. Il a prévu une annonce, pour le journal. « Séance de cure ». La formule est bonne, non ? Qu'est-ce qu'elle en pense ?

Lucie dit oui à tout. Ce sera parfait.

Sa voix est douce, un peu éteinte. Elle est fatiguée, ces derniers jours. Sans qu'elle se l'avoue vraiment, quelque chose la blesse dans la gaieté d'Émile. Est-ce que leur vie, jusque-là, n'était pas heureuse ? Est-ce qu'elle ne lui suffit pas ?

Et puis. Et puis. Devenir guérisseur, c'est ça qu'il veut faire ? Magnétiseur ? C'est à ça qu'il aspire ? Des envies de crier la prennent, parfois, puis elle voit ses joues rondes, sa candeur. Elle pense à son père avec ses pistils et ses pots de fleurs. Elle se retient, attendrie, amusée, effrayée.

Émile, bien sûr, ne se doute de rien. Les hommes ne voient jamais rien.

Lucie pose des questions, Liébeault, l'hypnose, ses clients habituels. Viendront-ils ? Émile n'a aucune certitude, c'est vrai, mais il est confiant, il a mis un écriteau dans la pharmacie, les gens sont intrigués, bien sûr.

Et ses parents ?

Émile ne répond pas tout de suite. Plus tôt dans la journée, il est allé les voir. Il a tout expliqué, ses projets, l'avenir, les succès de Liébeault. Il a dit son espoir, son désir qu'ils soient là. Sa mère a posé quelques questions. Son père, rien, pas un mot. Pas un reproche non plus, mais c'était tout comme, ou plutôt c'était pire : un silence qui condamne. Et la surprise, la déception dans les yeux.

Émile s'approche de la fenêtre, observe la cour, un arbre. Il plonge la main dans son gilet, en sort une cigarette qu'il fait longtemps rouler entre ses doigts. Il se tourne vers Lucie.

— Mes parents ? Je ne sais pas.

En attendant, il se prépare.

Certains clients veulent bien qu'il s'entraîne sur eux. Il ne leur demande pas d'argent. Il ne demande que leur confiance. Alors, dans le petit hangar, tôt le matin, tard le soir, il fait les gros yeux, lève les bras, impose les mains sur des fronts, agite sa montre devant des regards fatigués. Il observe, tire des leçons, recommence différemment.

La fois d'après, l'éclairage est changé, il parle moins fort, essaie les cris, se tait, ne prend qu'une personne, convie tout un groupe.

Lucie, de la maison, le voit aller et venir entre la pharmacie et le hangar, affairé, pressé, désœuvré, radieux. Quand il pose la main sur son ventre, c'est plus rapidement qu'avant. Les promenades, quand ils en font encore, sont moins longues. Il ne rit plus.

Le dimanche après la messe, Catherine vient les voir.

Émile s'émerveille. Liébeault, Bernheim, c'est l'avenir. Un champ d'observation infini pour un jeune pharmacien comme lui. Une révolution dans l'histoire de la science. Une révolution dans sa vie.

— Une révolution dans ta vie, reprend Lucie, d'une voix blanche.

Émile n'entend pas, continue. Lucie se lève, quitte la pièce.

Une, deux secondes passent. Il la suit des yeux sans comprendre.

Catherine le regarde, longtemps.

— Émile, tu es un imbécile.

Lundi soir.

C'est pour demain. L'annonce est parue dans la presse. Les voisins sont prévenus. Émile a refait les gestes, préparé son discours, choisi ses vêtements. Sa barbe est coupée. Sur son bureau, des livres annotés, relus dix fois déjà.

Combien seront-ils ? Émile rumine cette question. Il répète : Demain.

Il se retourne, Lucie est là. Il ne l'a pas entendue arriver. Elle a les traits tirés, les yeux brillants. Il prend ses mains dans les siennes. Elles sont gelées.

Il dit : Pardon pour hier, encore. Je ne voulais pas. Je ne savais pas.

Elle dit : Émile.

Puis, encore une fois : Émile.

Elle prend sa main, la pose sur son ventre.

— Ça y est, Émile. Je le sens. Je voulais être sûre. Ça y est.

Le petit hangar, les murs nus. Les bruits de la ville, assourdis, comme un murmure. Par la fenêtre, un arbre. Les feuilles se soulèvent. Émile inspecte les lieux une dernière fois. Il a la trouille. Il est heureux. C'est le grand jour.

Il n'a presque pas dormi. Toute la nuit, il est resté penché sur Lucie, ses paupières closes, la sueur douce sur son front. Il parle seul. Je serai père. Bientôt. Dans moins de neuf mois. Ce sera le plein été. Les blés seront superbes.

Dehors, le soir tombe. Quelques personnes sont dans la cour, déjà. Émile serre des mains, tapote sur des épaules, vous verrez, vous verrez. Un regard sur sa montre : un quart d'heure, encore. Il retourne dans le hangar, ressort, compte les gens. Déjà huit. Un triomphe.

Voici Lucie qui les rejoint. Elle a un mot aimable pour chacun. Émile s'agite, tourne la tête. Les mêmes pensées reviennent, je serai père, un bébé, le nôtre. Et, peu à peu, à peine des pensées, moins que des mots, comme une évidence, comme un élan venu de ses entrailles : ma mère, mon père. Il les espère. Il veut leur regard. Celui de son père, surtout. Il le veut sur lui ici même, devant cette petite foule, dans son domaine, dans son royaume : Émile Coué, docteur en pharmacie. Émile Coué, héritier du docteur Liébeault. Émile Coué, bienfaiteur. Émile Coué, bientôt père de famille.

Jusqu'au dernier instant, il cherche, fouille l'obscurité, attend.

Puis un bruit, un parfum. Lucie vient le chercher. C'est l'heure. Émile la regarde, soudain perdu. Elle prend sa main, comprend tout, lui dit :

— Ils étaient trop fatigués, sans doute. Je sais qu'ils pensent à toi.

Émile fait un geste, l'air de dire : Ce n'est rien.

Il suit Lucie dans le hangar, tout le monde est installé, on applaudit. Il compte plusieurs fois, onze, quatorze, dix-sept. Un triomphe, oui. Il s'éclaircit la voix, s'incline légèrement, remercie, remercie encore. Puis son visage se fait grave, son ton très sec, presque cassant.

Lucie s'est assise au fond, impassible.

Émile commence vraiment, tout entier tourné vers ce qu'il a à dire. Il répète : suggestion, imagination. L'étude, l'observation l'ont mené là. On peut soigner par là. Pas les fractures, pas les cancers. Mais tous ces troubles qui, de près ou de loin, ont quelque chose à voir avec notre esprit : certaines paralysies, une surdité soudaine, des tremblements nerveux, une douleur que rien ne semble vouloir chasser.

Dans l'assistance, deux ou trois personnes approuvent, presque conquises. Émile les remercie du regard. Au même instant, il les voit, ils sont là, au dernier rang : son père et sa mère. Arrivés quand ? Il n'a rien vu. Catherine, les yeux rougis, l'air désolé. Exupère, très raide, la mine sombre.

Alors il vacille, Émile. De joie, de peur, de honte, il ne sait pas. C'est l'ivresse de la faute. Il a six ans. Il a six ans sous le regard de son père.

Il se caresse la barbe, jette un œil par la fenêtre, inspire profondément. Il doit poursuivre. Sa voix tranche l'air, soudain brutale. Les mots, les images s'enchaînent. Il va les chercher loin, dans ses blessures d'enfant, dans son besoin d'amour, dans son angoisse même. L'esprit est un champ, il faut le labourer, il faut semer. L'esprit est un cheval, il faut le diriger. L'esprit est une salle de théâtre, vous êtes sur vos fauteuils, souriants, détendus, polis les uns avec les autres, puis soudain un cri résonne, au feu, au feu, en quelques instants c'est la cohue, il n'y a plus que des brutes, on joue des coudes et on piétine pour trouver la sortie.

Il ne termine pas sa phrase, tourne son briquet dans la main, sort son mouchoir. On croit qu'il ménage ses effets. Il a peur. Il s'interdit de regarder vers le fond. Quelques personnes hochent la tête, interloquées. Puis il reprend : C'est ça, la suggestion. C'est crier au feu quand il n'y a pas de feu. Elle a ce pouvoir-là. Elle nous change de fond en comble. Elle est puissante. Elle est dangereuse. Mais lui sait la tourner vers la santé, vers la justice, vers le bonheur.

Et comment ? Par l'hypnose.

Léger frémissement dans la salle. Émile pense à Liébeault, le père qu'il s'est choisi. Il pense à l'autre, le vrai, celui qu'il aime maladroitement. Il pense à son comptoir, à ses flacons, aux ordonnances à déchiffrer, à la patience du pilon. Des années d'existence ont perdu leur sens.

Ses yeux vont vers Lucie.

La cure commence. Trois volontaires, l'un après l'autre. Rhumatismes, fatigue, bégaiement. Émile fait tout comme à Nancy. Les gestes nets, les paroles murmurées. Les trois personnes rouvrent les yeux, étourdies.

Vont-elles mieux? Elles ne sauraient dire. C'était à essayer. Elles reviendront, peut-être.

Émile s'en satisfait. Il ne croit pas aux miracles. Il croit aux jours d'après, aux graines qui germent, au blé qui lève. Il veut semer des mots. Au fond, son rêve c'est ça: devenir horticulteur, lui aussi. Ou quelque chose de plus simple, de plus direct: jardinier. Planter, voir grandir. Les graines sont des mots. La terre, notre esprit. Car c'est là que ça se passe, il ne sait pas trop comment, il ne sait pas trop pourquoi, mais c'est ainsi, les bras qui tournent, les *vous allez dormir quand je claquerai des doigts*, les *vous êtes guéri* font plus qu'agir sur nos plaies, sur nos organes: ils y s'insinuent là-haut, quelque part dans notre tête, et ils jouent tout bas leur petite musique.

C'est ce qu'il se dit quand tout est terminé. Les gens se lèvent, repartent. Certains viennent lui dire un mot, bravo, merci, c'était curieux, c'était bien. Lucie est dans la cour, elle raccompagne une voisine jusqu'au portail. Dans le hangar, bientôt, ils ne sont plus que trois: Émile et ses parents.

Le silence dure longtemps.

Catherine sourit faiblement. Ils sont désolés pour le retard. Ils sont contents d'être venus.

Exupère baisse les yeux, pose une main sur la nuque d'Émile, l'enlève aussitôt. Catherine fait un pas vers la sortie.

Émile fixe son père. Il quémande. Il rêve d'un mot qui vienne un peu du cœur.

Exupère renifle.

— Je pensais qu'il y aurait moins de monde.

Une, deux, trois semaines.

La porte s'ouvre, le pas est hésitant, on baisse la voix, c'est bien ici ? Le rythme se met en place. Bien sûr, ce n'est jamais comme chez Liébeault. Quatre, cinq personnes au plus, souvent les mêmes, celles pour qui poudres et potions sont trop chères. Mais justement, Émile se sent utile. Et entouré, plus que jamais. Certains lui apportent des pommes, des noix, un cageot de salades. Pour lui, c'est une école. Il apprend les mots qui font du bien. Ceux qui font rire, aussi, pour rassurer, avec l'hypnose, en une semaine c'est réglé, mais sans moi, il vous faudra sept jours, mon bon monsieur.

Il apprend les visages, leur nudité toujours recommencée, il apprend les longues journées à l'usine ou aux champs, l'atelier mal éclairé, ce que le temps ou la faim font à nos corps.

Il apprend l'attention.

Et de jour en jour, il y croit plus fort. Il perfectionne sa technique, travaille sa voix, prépare de petites leçons.

C'est peut-être ce qu'il préfère, expliquer, choisir des mots et des images, bicyclette, semailles, vertige.

— Est-ce que c'est si important pour toi ? risque parfois Lucie.

C'est alors de longs discours d'Émile, de lourds silences. Il veut aider les gens, être utile, faire le bien.

Après deux ou trois tentatives, Lucie n'insiste plus, écoute Émile avec patience, s'amuse de ses joies, les respecte. Au fond, avec ses gros yeux et ses idées étranges, il ne fait de mal à personne. À certains instants, il a l'air heureux comme jamais.

Lucie est heureuse, elle aussi, c'est ce qu'elle dit dans ses lettres à sa famille, elle pense à l'avenir, à l'enfant qui viendra. Elle ne dit rien des séances de cure, du regard sombre d'Exupère, de la manière qu'il a de surgir parfois chez eux, posant mille questions, fouillant dans les papiers : Est-ce que les médecins sont au courant ? Est-ce qu'il va continuer longtemps ? Est-ce qu'il ne met pas sa pharmacie en péril ?

Mais Émile répond avec douceur, il est confiant, la pharmacie tourne bien, l'argent rentre, si c'est ça qu'il veut savoir. Alors Exupère hausse les épaules et s'en va sans dire un mot. Émile oublie, Lucie oublie et les longues promenades reprennent, la cathédrale, le canal. Bientôt, ce seront les premières neiges de l'année, le givre sur les vitres, les heures passées au chaud, le bébé.

L'hiver s'installe, somptueux cette année-là.

Année nouvelle, dégel, le froid qui revient d'un coup. Un soir de février.

Lucie est d'une pâleur affreuse. Ses lèvres tremblent. Émile se précipite vers elle : Quoi, qu'y a-t-il ?

Il y a eu du sang, beaucoup. Et son ventre, c'est comme une déchirure, c'est perdu, c'est fini, elle le sent.

Émile court, dévale les escaliers. Il revient, un médecin le suit de peu. L'examen est rapide, sans appel. C'est perdu, oui. Une histoire d'utérus, une forme inhabituelle. Ç'aurait pu être pire, la mère n'est pas en danger. La chose est sortie.

Le médecin sourit froidement, serre la main d'Émile d'un geste sec.

— Madame s'en remettra.

Quand Émile revient dans la chambre, il se jette au pied du lit. Lucie a les yeux ouverts sur quelque chose qu'elle est la seule à voir.

Il arrange les oreillers, présente un bol de soupe, passe un linge humide sur son visage.

— On ne sait pas. On ne sait pas. Dans un mois,

peut-être. Dans un an. J'ai lu un passage sur ça chez Bernheim. C'est possible. Je te ferai de la suggestion. Je te donnerai des sels de quinine, ou autre chose, un fortifiant, une injection, je trouverai, j'ai ça dans mes bocaux. Tu verras. Tu verras, Lucie. Trois enfants, trois au moins. Le médecin s'est trompé. On verra demain. Tu seras reposée. Demain, bientôt, tu iras mieux, ça marchera, ça marchera.

Lucie pose la main sur sa bouche.

— Tais-toi, s'il te plaît.

Les hommes ne comprennent jamais rien.

Émile dit oui. Il pense non. Il tombe à genoux. Il se tait. Il attend qu'elle s'endorme. Puis il se penche vers elle, caresse ses cheveux et, des heures durant, murmure des mots étranges à son oreille.

Lucie reste au lit pendant trois jours. Aucune larme, aucune plainte. Elle dit : C'est comme ça. Elle a cette force-là, elle accepte les choses. Émile n'accepte rien mais finit par comprendre. Les mots ne changeront rien.

Il s'épuise au jardin, tape sur des pierres à coups de masse, creuse la terre froide à mains nues. Ou c'est de longues marches dans la ville, les épaules voûtées, la rage au cœur, puis, un instant plus tard, des écroulements sur un banc et des yeux d'enfant perdu.

Il pleure.

Il pleure dans la ville, seul sous le ciel. Sans trop s'en rendre compte, il revient là, toujours : à la cathédrale. Combien de fois y est-il allé avec sa mère, avec Lucie ? Il est lourd, encore, de tout ce qu'il a pu y demander.

À qui ? Pas à Dieu, pas vraiment, ou alors si, il n'a jamais trop su. Au jour d'après, peut-être. Mais maintenant ? Demander quoi ? Il ne croit pas aux miracles. Il n'y aura pas d'enfant. Il n'y aura pas de berceau où se pencher pour reprendre, après tant d'autres, l'histoire des demeures de granit et des landes. Il n'y aura pas de grands rires là-haut sur ses épaules, personne à hisser jusqu'aux arbres, pas de fleurs à montrer, ni d'essaims d'oiseaux qui battent des cils. Rien ni personne pour lui survivre. C'est perdu, c'est fini.

Et pourtant il s'avance.

Quelque chose l'attire du côté des chapelles latérales, là où sont les cierges. Chacun d'eux aurait une histoire à raconter : une somme d'espoirs et de détresses. Alors, comme tant de fois, comme tant d'autres, Émile en allume un.

Ses regards tombent sur les vieilles plaques, encastrées dans le mur. *Merci Seigneur, Merci Marie, Reconnaissance pour guérison.* Suivent parfois des initiales, des dates. Émile commence à trembler. Une colère le prend. Il ne prie pas.

Quand il rentre, ce jour-là, ses parents l'attendent. Lucie est au piano, le dos très droit, le visage ailleurs, consolée comme on peut l'être par la musique : juste un peu, pas longtemps, mais jusqu'au fond de soi.

Catherine arrange un bouquet de fleurs, sur la table. Dehors, la lumière de six heures, sa douceur. Émile s'enferme dans son bureau.

Plus tard, c'est le bruit des assiettes, le saladier, l'odeur des pommes de terre. La lueur d'une lampe jaillit. Le vin s'enflamme dans la carafe. Un papillon gris s'affole, se jette aux poutres, frôle la nappe. Un verre se brise. Exupère s'est levé, le poing crispé. Le parquet grince sous la lourdeur des pas.

Alors soudain ça crie, ça explose, Émile tient tête, Émile dit non. Exupère recommence, c'est sa faute, sa faute à lui, le pharmacien toujours ailleurs, il n'a rien fait pour elle, pour Lucie, la mère, la mère qui perdait son enfant sans qu'il ait rien perçu. Et tous ces gens qu'il fait venir ici, dans la cour, dans le hangar, c'est ça, c'est ça, l'un d'eux sera venu avec la mort sur lui, une maladie étrange, de quoi tuer, de quoi lui prendre son héritier, son espoir, la descendance du sénéchal !

Et les voilà dressés l'un contre l'autre, même silhouette, même douleur éperdue, même regard qui dit non, pas assez, pas toi, le père suffoquant, le fils plus fils que jamais, soulevés par une même colère, sûrs de leur droit, prenant à témoin Catherine et Lucie, s'accusant de mille choses restées secrètes, s'offrant leur dégoût en spectacle.

— Tu sais ce qu'on dit de toi ? Tu le sais ? De ton cirque ?

Émile hausse les épaules, réclame des noms, prêt à défier le monde entier. Puis d'autres mots éclatent, déshonneur, ridicule, déception, charlatan, charlatan, les têtes s'enfoncent dans les mains, les chaises cognent contre la table, tu n'es rien, tu n'es personne, Exupère s'exaspère, Émile enrage devant la colère nue, l'échec, le grand trou qu'est devenu son père, et c'est une joie, subitement, qu'il se bâtit contre lui, une joie féroce, une joie qui dit : Je veux, je ferai.

Il rit.

Il rit d'un rire affreux, méchant, blessé.

Lucie, alors, se lève d'un coup, la main sur le ventre, plus forte qu'eux deux. Du mépris passe dans ses yeux.

Exupère s'écroule dans un fauteuil. Émile ouvre une fenêtre, aspire l'air froid. Catherine ramasse le verre. Lucie retourne à son piano.

Le papillon s'envole. La nuit est comme un grand trou.

Viennent des semaines de larmes, de honte et de remords. Un jour, Exupère se précipite dans la rue puis s'arrête à mi-chemin. Un autre, c'est Émile qui traverse la ville et se ravise au pied des escaliers. Ils s'attendent à distance. Toi d'abord, pas moi.

L'orgueil.

Catherine et Lucie savent qu'il suffirait d'une occasion, d'un geste tendre. Quand on frappe à la porte, elles espèrent de tout leur cœur. C'est un voisin, ce n'est personne.

Émile maigrit. Exupère se décharne. Émile grisonne. Exupère blanchit pour de bon.

Puis, un soir d'avril 1886, une mauvaise fièvre le prend. C'est trop tard. Émile bouscule les passants, arrive essoufflé, tout en sueur. Exupère est alité, la peau brûlante, les joues creuses. La parole s'en est allée. Émile sanglote, demande pardon, prend les vieilles mains pour les poser sur son visage, sur sa tête. Accepte-moi, bénis-moi.

La petite lampe tremble un peu. Les rideaux s'alourdissent. C'est terminé.

Le glas sonne. Les hirondelles s'envolent. Les lilas fleurissent.

Après la veillée, c'est l'église vide, les gestes las du prêtre, les cloches. Lucie prend le bras d'Émile, ils longent le canal à pas lents. Il se répète ces mots : Mon père est mort. Lucie est là, Catherine est là, il est seul. Il pense à la suite, à ce qu'il aura laissé quand tout sera bel et bien fini. Il calcule son âge, vingt-neuf ans et deux mois.

Il regarde Lucie. Il pense à la fleur qui porte son nom, *Clematis Lucie Lemoine.* Il pense à la montre, à la casquette énorme, aux nuages de vapeur dans les gares.

Il dit : C'est moi qui l'ai tué.

Catherine s'approche de son fils. Elle lui caresse la joue. Dans ses mains, juste après, une petite chaîne dorée, un objet rond.

— Je te donne sa montre. Pour l'hypnose.

Le printemps s'achève, puis l'été, l'automne. Les séances n'ont plus lieu. Il y aurait des volontaires, encore, mais Émile ne veut plus. C'est fini. Il oublie peu à peu les gestes et les discours. Dans le hangar, il n'y a plus que des caisses, des flacons vides, de vieux papiers.

Certains soirs, pourtant, Émile s'y attarde un peu, le cœur gros. Lui reviennent alors les regards tournés vers lui, sa gaieté d'enfant, ce sentiment jamais retrouvé d'être à sa place. Puis il songe à son père, à la dureté de son visage, aux années passées ensemble, tout proches et si loin l'un de l'autre.

Depuis sa mort, son père est partout. Il parle. Il dit: Non. Pas assez. Pas toi. Il dit: Charlatan.

Ce mot écrase Émile.

— J'aurais pu le soigner. C'était pour le sauver lui, tout ça. Pas contre lui, mais pour lui. Je ne le comprends que maintenant. On ne sait jamais pourquoi on fait les choses.

Lucie acquiesce.

— Il était fier de toi, tu sais. À sa manière.

Le temps s'écoule. Lucie fête ses trente ans. L'année terrible s'achève enfin. La mort s'éloigne un peu. Catherine rencontre un autre homme, veuf lui aussi, un brave monsieur, vraiment gentil. Ils se marient un an plus tard.

Bientôt, une nouvelle décennie commence. À la pharmacie, Émile est bavard comme jamais, il donne son avis sur tout, l'arrivée du tramway, les rues nouvelles qu'on perce dans la ville, les usines qui surgissent dans les faubourgs, les élections, le canal de Panama. Quand il n'y a personne, il bricole des « cachets Coué » dans son petit laboratoire: un peu de sucre, un peu de farine, ce qu'il faut d'amertume pour faire croire. Les gens sont ravis, en oublient leurs migraines et leurs troubles digestifs. Lucie songe à prendre une employée de maison. Émile se trouve des passions nouvelles, les coquillages, les silex, la mosaïque byzantine, les circuits électriques. Son front se dégarnit, son corps s'alourdit. Ses bras, ses mains l'encombrent. Il n'a plus la barbe, il porte la barbiche, celle des notables, celle de son père. Il prend l'habitude de siroter un verre de liqueur après son dîner. Dans le journal ou des revues savantes, il suit les polémiques du moment, les nouvelles théories, les comptes rendus d'expériences. Il tombe parfois sur le nom de Bernheim, celui de Liébeault ; il repense un peu à eux, comme à une chose lointaine qu'on aurait bien aimé vivre plus longtemps, puis il retourne dans son petit jardin.

Son petit jardin où il n'y aura jamais d'enfant.

On voudrait que la vie nous rende ce qu'elle nous prend. Mais la vie ne rend rien. Elle nous fait des promesses qu'elle ne tient pas. Les glaïeuls s'ouvrent et le monde n'est pas moins vide.

Au pré aussi, c'était l'absence. Tout la disait, la rivière sans canne à pêche, la balançoire sans plus personne.

Je n'ai aucun souvenir de lui, Joël.

Je ne me souviens que des photos, chez Irène et André, partout. Sur le mur du salon, un garçon en kimono. À la cuisine, son visage en gros plan, tout sourire, avec une grande fleur jaune. Plus tard, quand ils ont quitté leur maison, ils ont pris les photos avec eux.

Il avait à peu près mon âge.

Il jouait dehors, juste devant chez eux, avec une boîte de conserve qu'il traînait au bout d'un fil. Un camion l'a renversé. Sa grande sœur a tout vu. Elle n'a rien pu faire. Il est mort sur le coup.

C'était au milieu des grandes vacances. La famille revenait d'un voyage en Normandie.

André était sapeur-pompier et secouriste. Il connaissait tout le monde, le conducteur du camion, les secours.

Dans leurs heures de loisir, Irène et lui faisaient du théâtre en alsacien : c'étaient des sketchs, des histoires de village, des quiproquos. Ils étaient très drôles, me racontent mes parents. Ils ont tout arrêté d'un coup. André a quitté les secouristes et les pompiers. Il répétait : J'ai sauvé tant de vies, mais pas la sienne.

Irène répétait : Il faut faire face.

Je ne l'ai jamais vue pleurer, sauf cette fois-là, dans le souvenir de mes quatre ans : l'annonce nécrologique découpée dans un journal. La scène a-t-elle vraiment eu lieu ? Notre mémoire se fait des romans, parfois.

Elle était gaie, Irène. Une maman gaie et courageuse. Parce que ses deux filles. Parce que la vie, tout simplement.

Elle aimait les grandes tablées, l'impression d'être au complet. Elle aimait faire des cadeaux, des légumes du potager, des broches en émail qu'elle fabriquait elle-même, des bibelots de plâtre. Elle aimait la couture, elle faisait ses vêtements, c'était moins cher, c'était plus beau.

André aimait les souvenirs de la guerre, les vieux bidons, les munitions. Il aimait son casque de pompier, qu'il polissait avec sa manche. Il aimait m'effrayer avec sa grosse voix. Il aimait refaire le monde, un verre à la main. Il aimait dire : On n'est pas chez les riches.

Ils aimaient la Dordogne et les plages de Normandie.

Ils aimaient rire, rire malgré tout.

Ils chérissaient leurs filles et la mémoire du passé.

Je crois qu'ils m'aimaient moi et cela comptait. J'étais

cajolé, trop gâté, et je les regardais sans bien comprendre, démuni face à eux, sachant vaguement cela : il y avait eu Joël. Ils survivaient. Ils s'accrochaient l'un à l'autre, à leur famille, à leurs amours.

Aujourd'hui ils sont morts, tous les deux. D'abord André, ensuite Irène, un an et demi après lui, au moment où j'écrivais ce livre.

Nous sommes la somme de nos amours. Et c'est la seule chose qui restera de nous.

LA MÉTHODE

Les années ont passé, sombres et lentes.

Parfois, un client demande à Émile s'il ne reprendrait pas les séances de cure. C'était bien, c'était utile. Lucie lui tient le même discours. Il s'obstine à dire non.

Lucie n'insiste pas. Mais elle voit bien qu'il va mal, qu'il fait les choses sans joie, se plaignant de sa fatigue, s'agaçant d'un rien, quittant soudain la maison pour de grandes marches à travers la ville, veston ouvert et dos voûté, l'air soucieux.

La porte s'ouvre, l'air froid rentre. Lucie repose son livre, fixe Émile du regard, pleine de questions silencieuses. Il lui cache quelque chose.

Elle a raison. Il lui cache quelque chose. Une idée fait son chemin. Il n'en finit plus de faire ses comptes, de peser le pour, le contre. Partir. Recommencer. Quoi ? Il ne sait pas. Mais ailleurs. Est-il vraiment chez lui à Troyes ? Sa mère n'a pas besoin de lui. Paris ? Il revoit un instant les fenêtres à l'infini, les boulevards encombrés, les barbes blanches de ses maîtres, la Faculté. Non, ce n'est pas son monde.

Reste Nancy.

Quand il en parle à Lucie pour la première fois, son visage s'illumine. Dès lors, il veut lui offrir ça, lui rendre ce dont elle rêve : la ville de sa jeunesse.

Alors il imagine, Émile. En ces dernières années du siècle, la vieille cité du roi Stanislas se tord, se courbe en arabesques, c'est une forge à ciel ouvert, des quartiers entiers qu'on fait jaillir, les grands arcs de métal et les fleurs en émail, les vitraux bleus de l'Art nouveau. C'est l'avenir. Ce sont les gens, bien plus nombreux qu'à Troyes, plus réels, démunis autant qu'ailleurs, souffrants, mais différents. Ils habitent là. Ils habitent vraiment. Ils ont les grandes places, la lumière sur les pavés. Ils ont sa vie voulue.

Et à mesure qu'il en parle, de vieux désirs se ravivent, mal enfouis, toujours plus doux. Retourner là-bas, revoir Liébeault, écouter Liébeault, « le touchant docteur Liébeault », comme l'appelle Freud. Devenir soi-même. Vivre. Exister. Bernheim lui-même le reconnaîtrait comme un pair.

Émile résiste encore un peu, chasse ces pensées, revoit son père, se torture plus cruellement, puis ses yeux tombent sur Lucie.

Lucie veut son frère. Lucie veut sa sœur Marie. Lucie veut ses vieux parents. Lucie veut les seringats *Boule d'argent* et *Fleur de neige*, les glaïeuls *Nuée bleue*, toutes les merveilles de chez Lemoine.

Elle veut les jardins de son enfance.

Elle veut son pré à elle.

1896. Le moment est arrivé.

Émile confie sa pharmacie à un gérant. Voici enfin Nancy, ou tout comme : Malzéville, une banlieue résidentielle, à deux kilomètres à peine de la place Stanislas.

Jours d'apaisement, plaies qui se ferment.

Les Coué se trouvent une belle maison sur les hauteurs, un beau jardin, des marronniers superbes. Ils embauchent une cuisinière, une jeune Alsacienne, Maria. Ils explorent la campagne alentour, la butte Sainte-Geneviève, Dommartemont, les clairières de Champigneulles. Et chaque semaine ou presque, c'est des soirées au théâtre, des amitiés nouvelles et de longs dîners mondains chez les Lemoine.

Lucie est radieuse. Elle s'avoue combien tout cela lui manquait. Émile, lui, ne sait pas trop quoi faire de cette petite jeunesse qui revient. Il songe vaguement à reprendre des études, il se voit bien devenir docteur, le docteur Coué, le touchant docteur Coué. Les parents de Lucie applaudissent : ils ne demandent que ça, un médecin dans la famille – un vrai. En attendant, Émile réseaute, il magouille, dit bonjour au maire, serre la main du préfet, envoie des cartes de vœux.

Parfois, ici ou là, il croise Liébeault. C'est presque un vieillard, maintenant. Émile tremble devant lui, boit ses paroles. Et s'il avait eu tort d'abandonner si vite ? L'hypnose, la suggestion ? Ses certitudes vacillent.

Un jour, Maria pleure dans la cuisine. Elle ne l'avait pas vu entrer, elle va se ressaisir, pardon, désolée, excusez-moi.

— Non, non, expliquez-moi, dit Émile.

Maria hésite, triture son tablier, inspire bruyamment. Elle se lance. Elle s'inquiète pour Annette, la fille de sa cousine. Les docteurs disent : C'est le cerveau, quelque part. Est-ce que ces malheurs-là arrivent vraiment ?

Quoi exactement, quand, à Nancy ? Émile parle très vite. Quel âge a-t-elle ?

— Onze ans.

— Onze ans, répète Émile d'une voix sourde.

L'âge qu'aurait son enfant, le leur, celui qu'ils espéraient.

Quand il arrive devant l'immeuble, le médecin est en train de partir. Ils se connaissent de vue, la conversation s'engage.

— Hémorragie cérébrale, paralysie latérale. Un miracle qu'elle soit encore là.

— Et pour la suite ?

— Difficile à dire. N'ayons pas trop d'espoir.

Puis le médecin fronce les sourcils :

— Que venez-vous faire là ?

Émile s'entend répondre : Je suis un ami de la famille. C'est presque vrai. Il a posé tant de questions qu'il lui semble tout savoir d'Annette, de sa mère cuisinière elle aussi, de son père parti Dieu sait où, de ce matin où elle s'est effondrée dans la rue. Ensuite, ça a été les jours à l'hôpital puis le retour à la maison.

Il entre dans la chambre. Maria se tient près d'une fenêtre. La mère est sur une chaise, le visage rouge. Annette est au lit.

— Encore un docteur ?

La voix est lente. Chaque mot est une victoire.

— Je ne suis pas docteur, répond Émile. Je voulais juste te rencontrer. Maria m'a beaucoup parlé de toi.

Annette incline très légèrement la tête vers lui, le dévisage sans montrer d'émotion. Émile sourit. La mère parle, le récit recommence, celui qu'elle raconte et se raconte depuis des semaines, la veille c'était dimanche, le prêtre avait parlé du Bon Samaritain dans son sermon, elles étaient allées au parc l'après-midi, elles avaient mangé de la soupe avec du lait, du pain, le soir elle n'avait rien, pas une douleur, pas même de fièvre, puis au matin, il n'était pas huit heures, elle allait à l'école, elle venait juste de sortir, et puis, d'où ça nous vient ces choses-là ? Pourquoi elle ?

Émile s'est assis lui aussi, tout près du lit. Il ne dit rien. Il apprivoise.

La mère poursuit. Les premiers jours, sa fille ne parlait pas. Tout le côté droit était pris. Après, elle a fait des progrès rapides, la parole est revenue, son pied a commencé à bouger, très peu. Depuis, plus rien. Ça fait des semaines, maintenant. Elle n'y croit plus. Ça restera comme ça, toute la vie. La jambe, le bras, la main.

Émile la regarde, esquisse un geste vers le mur.

— C'est toi qui as fait ces dessins ?

Annette s'appuie sur son bras gauche, se redresse autant qu'elle peut. Elle regarde le mur, regarde Émile.

— Je veux qu'il parte, Maman.

Un instant passe. Émile baisse les yeux. La mère est impassible. Maria s'approche d'Annette. Émile se relève et marmonne des mots d'excuse, il comprend, il repassera peut-être.

Il est à la porte quand il entend la voix d'Annette.

— C'est les arbres, là en bas. Mes dessins. C'est les arbres.

Émile revient vers le lit.

— Là en bas ? Tu veux dire, depuis la fenêtre ?

— Oui.

Émile va voir, se penche un peu, évalue les hauteurs. Il y a des arbres, oui, juste en dessous, tout proches. C'est l'automne. La pluie roule contre les vitres. Des souvenirs tombent. Quelque chose naît. Une tentation, une folie, sans doute. L'espérance.

Il se retourne.

— Tu aimes dessiner, Annette ?

— J'aimais ça, oui.

— Ne parle pas au passé. Raconte-moi comment tu dessines.

— Je ne comprends pas.

— Raconte-moi tes gestes, le moindre geste. Imagine-les. Ferme les yeux.

Pendant quelques instants, Annette ne dit rien. Le silence est pesant, plein de pluie. La mère interroge Maria du regard.

— Je prends une feuille.

— Est-ce qu'elle est douce ?

— Oui.

— Imagine. Douce comment ?

— Douce comme la peau d'un fruit. Très fine. Ça fait du bruit dans mes doigts.

— Et ensuite ?

— Ensuite, un crayon.

— Où est-il ?

— Dans une boîte.

— Décris-moi ce que tu fais avec la boîte.

— Je la tiens avec la main gauche. Je l'ouvre avec la main droite. Le métal est froid.

Pendant qu'elle parle, sa main gauche s'anime, mime les gestes. L'autre est inerte.

— Maintenant, garde les yeux fermés, écoute-moi bien. Si ta maman est d'accord, si tu es d'accord toi aussi, je vais venir te voir souvent. À chaque fois, je te parlerai, comme ça. Tu n'auras rien à faire. Tu devras juste imaginer, comme dans un rêve. Parfois, je prendrai ma montre et je la ferai bouger devant tes yeux. Elle était à mon père. Elle est un peu magique, tu verras. Elle va t'aider. À chaque fois, tu iras mieux. À chaque fois, tu te diras : Je vais guérir tout à fait, je vais retrouver l'usage de ma jambe, de mon bras, de ma main. Et à chaque fois, tu t'approcheras de ce jour. Tout ce que tu auras imaginé reviendra. Je te le promets. Et maintenant, Annette, je vais compter jusqu'à trois, et quand j'aurai dit trois, tu rouvriras les yeux et tu te sentiras parfaitement détendue, parfaitement confiante, parfaitement convaincue qu'un jour tu pourras de nouveau te lever toute seule, marcher, aller à la fenêtre pour regarder les arbres et me faire un magnifique dessin, encore plus beau que tous ceux que tu as déjà faits.

Émile garde le silence un moment, jette un regard vers la mère d'Annette puis, avec une infinie douceur, murmure : Un, deux, trois.

Dehors, la pluie, toujours. Quelque part, un volet claque. Les cloches d'une église, au loin. Émile, Maria, la mère sont penchés sur Annette. Elle rouvre enfin les yeux, lentement.

Guérir. Un jour. Magique.

C'est un nuage de mots qui sort de sa bouche, traversé de silences, sans ordre, chargé de fatigue et d'espoir.

Et d'un coup, la voix tranchante : Ce jour, quand ?

— Bientôt.

— Quand ?

Émile regarde vers la fenêtre.

— Quand il y aura de nouveau les arbres jaunes, et les rouges. Dans un an.

— Tu as promis quoi ?

Lucie a haussé la voix.

— Émile. Émile. Tu es fou. Tu es…

Elle ne trouve pas le mot tout de suite.

— Tu es cruel. Et si rien n'arrive ? Si elle reste comme ça ?

Pour toute réponse, Émile reprend : Elle a onze ans. Elle a onze ans.

Lucie ne comprend pas. Elle se tord les mains, marche dans une direction puis dans une autre.

— Onze ans, Lucie.

Cette fois-ci, Lucie comprend. Elle tombe sur une chaise. Répète : Émile. Émile. Tu ne peux pas jouer avec les gens.

Dans ses yeux, Émile lit soudain : Non. Pas assez. Pas toi. Il vacille. Un sursaut d'orgueil le prend.

— J'y crois.

— Mais si elle reste comme ça ?

Quelques instants passent. Émile s'assied, se relève, pose une main sur son visage puis répond tout bas, comme s'il se parlait à lui-même, ou comme s'il craignait, peut-être, que ses paroles ne se brisent dans sa bouche :

— Elle souriait tellement, quand je suis parti… Elle aura eu ça, au moins. Elle aura eu ce sourire. Elle aura eu le rêve.

Viennent la neige sur les arbres, les oiseaux, les bourgeons. Émile est là chaque semaine, près d'Annette. Il se penche sur le lit, chuchote, agite sa montre. Ou alors il parle, tout simplement. Il dit que la joie se ramasse, la joie se cueille, elle est une chose concrète, avec un poids, une forme, des contours, elle est à portée de main, tout près, devant eux.

Annette sent bien qu'il est soucieux. Elle sait lire sur son visage. Elle lui sourit.

— J'aime quand vous êtes là.

Que dire après cela ? Il se tait.

Quand il repart, la mère demande : Alors ?

— La fois prochaine.

La fois prochaine, il essaie autre chose, d'autres mots, les yeux plus doux, la voix plus forte. Les mois se suivent, 1898 commence.

Il arrive, la mère baisse la voix.

— Nous n'avons pas d'argent à vous donner, vous savez.

— Je ne veux pas de votre argent.

À son retour, Lucie l'attend. Toujours rien ? Elle devine à son silence. Elle l'embrasse sur le front. Certains jours, elle l'accompagne. Elle veut voir. Elle s'imprègne de ses efforts. Son entêtement la touche. Il y a quelque chose là, peut-être, il a raison d'essayer. Annette le mérite. Peu à peu, elle l'encourage vraiment. Vas-y, Émile, continue. Tu as raison.

Émile la regarde, soudain plus léger, sûr des promesses du jour d'après.

Un matin d'avril, enfin. Annette est en larmes. Quelque chose. Une sensation. Le pouce, l'index, par là. Dans la main droite, oui, ça a bougé. C'est donc possible. Ça viendra.

Sa mère pousse un cri, Maria est prévenue, Émile est prévenu. Une heure plus tard, il est là.

Le médecin est là aussi, comme un mur de défiance dressé contre lui. Les questions s'enchaînent, sèches, précises. Émile bredouille. Non, aucune poudre, aucun remède. Il parle, c'est tout. Chaque semaine, oui. Quelques gestes. L'hypnose, la suggestion. La parole. Rien de plus.

Annette intervient.

— C'est grâce à lui.

Le médecin hausse les épaules, finit par s'adoucir, lui serre la main, referme sa mallette. Au moment de s'en aller, il fixe Émile une dernière fois, comme s'il cherchait à mémoriser son nom ou son visage une fois pour toutes.

Il est parti.

Émile s'approche d'Annette. Il tremble. De joie, d'émotion, d'angoisse. Sentiment grisant, merveilleux, jamais ressenti : il a peur d'avoir raison. L'hypnose, la suggestion, la parole, il y a quelque chose là, oui. Faire comme Liébeault. Aller plus loin que lui. Guérir par les mots. Pas tout, bien sûr. Guérir dans les limites du possible. Pas de miracles, mais la foi quand même.

Alors il ne doute plus, Émile.

Il se penche à la fenêtre, regarde les arbres et soudain il sait.

Il y aura les feuilles jaunes et les rouges.

Il y aura ce jour et le bonheur d'Annette.

Quelques jours ont passé. Émile vient d'entrer dans la chambre.

— J'ai un cadeau pour toi.

Annette ouvre la petite boîte.

— Un miroir ?

Elle n'est pas sûre de comprendre. Émile explique. Son lit est près de la fenêtre. Si elle lève le bras, le gauche, celui qui est comme avant, elle verra un peu de ciel, un toit. Si elle étire son bras jusqu'au bout, si elle incline un peu l'objet, elle verra davantage.

Elle essaie sans attendre. Devant ses yeux, bientôt, la cime des arbres. C'est un émerveillement.

— Ils t'attendent, Annette. Dans quelques mois, ils seront jaunes. Pense à ce jour. Imagine-le.

Elle ne cesse d'y penser, Annette. Elle imagine. Et de semaine en semaine, elle constate : c'est d'abord la main, très peu, ensuite la jambe, ça la démange, ça bouge, quelque chose se passe. Le médecin s'étonne. Émile applaudit. Dès qu'il arrive, Annette veut lui montrer, encore et encore. Elle étire son pied droit, le fait tourner lentement. Elle prend le miroir dans une main, dans l'autre, recommence plusieurs fois.

À la fin, elle le tend à Émile.

— Les arbres changent de couleur, déjà, regardez, c'est pour bientôt, le jour approche.

Émile se réveille, les volets s'ouvrent sur l'automne et les feuilles jaunes.

Il regarde la date : il a un train à prendre. Des choses urgentes à faire à Troyes, de la paperasse, des factures, la mairie, un notaire. Il passe deux nuits là-bas. Autant dire deux mois.

Quand il rentre, enfin, Lucie l'embrasse.

— Maria a quelque chose pour toi.

Dans son bureau, sur la table, juste là : un dessin. Un magnifique dessin, avec du rouge, du jaune et du marron. Et, en grosses lettres bleues, tracées d'un geste encore peu assuré, le mot : *Merci.*

Durant toute la saison, une grande fatigue pèse sur lui.

Avec Annette, il a été tout au bord du désastre. Il a eu de la chance, beaucoup. Une chance dont il faudra désormais se montrer digne. Comment ? Il ne sait pas encore. Refaire comme à Troyes ? Ouvrir aux malades sa maison, son jardin ? Lucie ne dit pas non ; par amour ou par conviction, elle a fini par y croire tout à fait. Mais quelque chose résiste en lui. Le souvenir de son père, le mot charlatan, peut-être, pas seulement. Il y a plus. Il y a sa victoire même : il aimerait la garder unique, sans pareille, intacte. Pour Annette et elle seule.

Lui reviennent les lassitudes, les craintes de cette année qu'il lui a consacrée presque tout entière.

Alors il se repose, se promène ici ou là, sans projet, le cœur vide, heureux sans doute, silencieux. Il retourne voir la jeune fille, parfois. Elle est assise dans un fauteuil. Elle est debout, appuyée à des béquilles. Elle marche. Un soir, c'est elle qui vient le voir, chez lui, à Malzéville.

— J'ai quelque chose à vous rendre.

C'est le miroir. Émile le pose dans son bureau, près

du dessin. Il redescend l'escalier, Annette est dans la cuisine avec Maria, les poches pleines de chocolats, libre, rayonnante, plus grande que dans son souvenir. Il calcule son âge, douze ans, bientôt treize. Une ombre de tristesse passe dans sa joie.

Le lendemain, un désir ou l'ennui l'emmène chez Liébeault. L'homme a vieilli. Émile raconte, demande conseil.

— Vous avez goûté au pouvoir de la suggestion. Vous ne pourrez plus vous en passer.

Émile baisse la tête. Il n'aime pas ce mot, pouvoir. C'est pourtant vrai. Il doit l'admettre. C'est ce qu'il ressentait à Troyes. C'est ce qu'il ressent encore. Du pouvoir, de l'orgueil, aussi.

— Cette jeune fille, c'est grâce à vous, reprend-il pour faire taire ses pensées.

Liébeault inspire profondément.

— Ni grâce à moi, ni grâce à vous. Ce n'est pas nous qui guérissons. C'est la confiance qu'on nous accorde. Là est notre force. Notre faiblesse, aussi.

Émile hoche la tête. Il va répondre quand une terrible quinte de toux prend Liébeault. Le vieux médecin lève la main.

— Ne me regardez pas comme ça, mon ami. C'est la première règle. On ne montre pas sa compassion. Faites cela et les malades se croient perdus. La confiance est brisée et vous n'obtiendrez rien. Vous êtes venu me demander conseil. Voici la leçon que je vous donne. Soyez dur. Cachez vos émotions. Cachez-vous. Cultivez votre pouvoir. Mais n'ayez pas d'illusions. À la fin, c'est toujours la mort qui l'emporte.

Émile rentre à Malzéville, le pas lourd. La neige tombe.

Joie, peur, désir, devoir, tout cela se mêle. Liébeault a dit: Pouvoir. Orgueil. Cela aussi. Cela dans ses mains, dans ses regards, dans ce qu'il a réussi à faire. Fera encore, s'il le veut.

Autour de lui, le tramway, les longs halos des réverbères. Des cloches. Un rire d'enfant. La nuit lorraine.

Il marche. Il pense à ce miroir, là-bas, dans son bureau. Annette y a vu des arbres. Plus que des arbres, l'espoir, le jour d'après. Et lui, qu'y verrait-il? Son visage rond, sa barbiche grise. Quarante ans passés. L'âge où l'on cesse d'essayer, de faire semblant. Arrêter une fois pour toutes ou se lancer pour de bon.

Devant lui, déjà, c'est la ruelle, la silhouette des marronniers, la lumière aux fenêtres. Une image, soudain: la petite flamme des cierges, à Troyes. Il sourit. D'autres images, son bureau, les lueurs sur le parquet certains matins. Dans l'armoire vitrée, tendrement alignés, classés, numérotés, tous ses trésors dérisoires, deux ou trois silex, des coquillages, une lampe à huile romaine, une Vierge en terre cuite.

Quelques pas de plus, une pensée: les objets nous survivent. C'est toujours la mort qui l'emporte, oui, c'est vrai. Mais pas tout de suite. Pas aujourd'hui. Pas demain matin. Il y a Annette, aussi, son dessin toujours jeune, exposé là lui aussi, posé contre un livre.

Un sourire, encore. L'apaisement vient.

La porte, la clé, le couloir aux murs clairs. Lucie ne l'entend pas. Elle est au piano. Émile enlève son manteau sans faire de bruit. Il tend l'oreille. C'est du Chopin, un nocturne.

De la douceur, de la douceur. Quelques accords, une vibration dans l'air, le silence.

Émile entre dans la pièce. Son visage parle pour lui.

Lucie dit : Tu as raison.

Et bientôt, à Malzéville, ce sont les gestes d'avant, les phrases déjà répétées, l'esprit comme jardin, la guérison comme fleur et les beaux espoirs pour 1900.

1901. Nouveau siècle, mauvaise nouvelle : à Troyes, la pharmacie va mal. Le gérant est dépassé, le dépôt de bilan menace. Les gens réclament Émile.

Alors il faut revenir, tant pis pour Malzéville, tant pis pour la douceur. Émile retrouve l'ancienne maison, le long comptoir.

Le petit hangar aussi, mais presque vide. L'hypnose passe de mode. À Vienne, Freud y a renoncé depuis longtemps. À Nancy, Bernheim lui-même prend ses distances avec elle : rien ne vaut finalement, dit-il, l'état de veille pour suggestionner les patients.

Émile tâtonne, hésite, suit le mouvement. Il range la montre de son père, il n'agite plus les bras, ne fait plus les gros yeux. Il prône désormais ce qu'il appelle un *hypnotisme doux*. Mais les malades sont moins nombreux. La voix qui en impose, les *vous êtes guéri* ne suffisent plus. On se lasse de tout. Certains jours il n'y a pas trois personnes.

Puis les mauvaises nouvelles, encore. 1904, Liébeault meurt. 1905, Lucie perd sa mère.

Tout est gris, ses cheveux, la vie. Bientôt la cinquantaine.

Après la séance, Émile marche seul le long du canal. Son visage s'éclaire parfois : il reconnaît la silhouette d'une femme qu'il a soignée l'an passé, celle d'un enfant qui ne dormait pas, un vieillard que des migraines clouaient au lit. Certains viennent le saluer, la plupart l'ignorent. Il les regarde s'éloigner, le vent souffle, des feuilles se soulèvent.

Il poursuit sa route, ses pas le mènent sans qu'il y pense, il arrive chez Catherine, sa mère. Il la trouve assise sur une chaise, les mains croisées, les yeux perdus. Elle est âgée, désormais, et deux fois veuve.

Il aimerait lui dire : J'ai guéri Annette, tu sais. Et beaucoup d'autres. J'ai la liste dans mes carnets, tu serais fière. Il renonce. Les noms ne lui diraient rien. Elle est ailleurs. Elle est restée dans l'autre siècle, avec un mari ou avec l'autre ; elle ne sait plus, elle les confond. Puis elle rouvre les yeux et elle a soudain devant elle ce sourire et ce visage, dont les contours commencent à lui échapper.

— Émile, c'est toi, tu es venu ?

Et plusieurs fois, à quelques minutes d'intervalle, Émile doit répéter : Oui, je suis venu, je suis là pour toi.

Est-ce que l'hypnose, la suggestion ? Il sait bien que non. Il l'a cru à un moment, mais non. Il n'essaie plus. Il y a des choses qui nous dépassent, tellement. Alors, devant sa mère qui s'éloigne sans bouger, à genoux devant elle, ce petit garçon de cinquante ans baisse la tête.

Non.

Pas assez.

Pas toi.

Il rentre, Lucie est là. Les années passent sans la changer. C'est elle la vraie joyeuse. Le roc. Le deuil, l'absence, les beaux jardins qu'il a fallu quitter : elle accepte.

— Comment va-t-elle ?

Elle connaît bien la réponse ; elle passe voir Catherine très souvent.

Émile l'embrasse sur la joue. Après un long moment, il dit :

— Tu crois qu'il aurait fini par comprendre, Lucie ?

— Il ?

— Mon père. Que c'est pour lui, tout ça. Que je fais mon possible. Que j'ai raison.

Puis il monte l'escalier, ferme une porte, allume une lampe. De la paperasse, une conférence à écrire, des lectures à finir, que sais-je encore : il s'écrase de travail pour s'occuper l'esprit. Ces derniers temps, il fait venir d'Amérique des livres sur l'hypnose, le magnétisme personnel, le bonheur. Il les déchiffre ligne à ligne.

Quand il a terminé, il ouvre un tiroir et en sort deux ou trois carnets finement quadrillés. C'est son trésor. C'est sa victoire. Ce qu'il tendrait à Dieu si Dieu lui demandait raison. Les pages défilent, et les noms avec elles, Mme Petitmangin, œil gauche considéré comme perdu, amélioration progressive ; Mme Doucet, vingt-deux ans, rue de la Grande-Tannerie, venue le 20 avril, amélioration immédiate ; Jeanne, huit ans et demi, faisait chaque jour dans son lit, amélioration ; neurasthénie, état moral rendu excellent ; diminution très sensible de la toux ; plus aucune crise ; rémission ; guérie ; guéri ; guéri ; guéris.

Il tourne les pages, Émile. Il est dans son royaume. Il revoit les visages. La paix revient.

Et si c'était lui qui avait besoin d'eux ?

Lucie préfère le laisser seul, elle se met au piano, ses doigts courent sur le clavier, un flot léger se faufile dans la maison. Elle pense à son vieux père, là-bas. Victor Lemoine.

Elle le voit.

Il est dans ses jardins.

Il regarde ses mains, elles tremblent, elles sont ridées. Il s'assied sur un muret, regarde autour de lui, regarde son empire, les floraisons superbes, les commandes venues du monde entier, les médailles de Paris, de Londres, d'Amérique bientôt. Il a passé quatre-vingts ans, il est veuf. Il regarde encore, voit son fils, son héritier, son élève. Un peu plus loin, il voit Marie, sa deuxième fille, et l'homme qu'elle a choisi, le colonel Poirine, celui-là même dont Lucie, des années et des années plus tôt, n'a pas voulu. Il plisse un peu les yeux, cherche encore, ne trouve pas. Il veut ses trois enfants. Il veut Lucie aussi. Il gémit.

Elle n'est pas là, sa clématite.

Alors, sur ce muret, c'est une idée qui germe. Tout offrir. Un terrain, une maison, une très grande maison. Où ça ? À Nancy même, rue Jeanne-d'Arc, une rue nouvelle ; elle file vers le sud-est, elle monte tout doucement vers les serres, vers la campagne, vers le ciel. Lui-même habite tout près, avec son fils. Ses filles vivront ensemble. Il l'exigera. Il l'exigera comme il a voulu que les lilas fleurissent plus sombre et les pivoines plus longtemps. C'est son dernier désir. Ensuite sa vie fanée pourra en rester là.

Émile apprend la chose, il hésite. Il pense à son père mort dans la gêne, il pense à sa mère qui décline, il pense à sa fierté, il pense à Poirine, le beau-frère, un brave homme sans doute mais enfin. Tout se mêle longuement dans son esprit, sa fierté, son vieux père mort, la rue nouvelle, l'occasion d'exister, d'en faire plus, d'être Liébeault jusqu'au bout. Puis il ne pense plus. Lucie est devant lui. Il comprend à son regard. La maison est construite.

Des années passent, 1910 commence. Ce sera Nancy, pour de bon, jusqu'à leur mort.

Rue Jeanne-d'Arc, Nancy.

Grande façade blanche. Deux portes, quatre balcons. Comme des tours sur les côtés, avec des toits pointus. Des swastikas sur la grille. Fines fleurs sculptées sous les balcons. À gauche, le numéro 184 : chez les Coué. À droite, 186 : les Poirine. Symétrie absolue.

Émile dans cette maison. S'imaginer ça. Miroirs dorés, moulures, chaises torsadées. La vie bourgeoise. L'Art nouveau : un vitrail de Gruber sur le côté, des vases de Daum sur des commodes de Gallé. Partout, des fleurs, gravées, marquetées, dessinées, réelles.

Il est dans son bureau, au rez-de-chaussée, il redresse un peu son portrait, sur le mur. Il est dans son salon, il fume, son visage se perd dans la fumée, il couve du regard sa collection de coquillages. Il est sous un arbre, il sent le lichen vert sous sa main, l'écorce douce. Il porte un brassard noir au bras droit, il est en deuil : sa mère vient de mourir. Il est au potager, les ongles pleins de terre, il aime palper les choses, il aime creuser. Il est sur la terrasse avec toute la famille, le vieux Lemoine caresse un chat, les Poirine rient comme des enfants, Lucie tourne les pages d'un livre.

Il est sorti, veston ouvert et dos penché, promenant sa silhouette lourde dans les rues de la ville. C'est la place Stanislas et les roses du parc Sainte-Marie, c'est les parapluies noirs et les voitures à moteur. C'est les visages. Émile observe, il prend pitié, il prend courage.

Partout des mots remontent. La joie se ramasse, la joie se cueille, elle est une chose concrète, avec un poids, une forme, des contours, elle est dans le brin d'herbe qu'on touche et la fenêtre qu'on ouvre.

Des essaims d'oiseaux battent des cils là-haut.

Émile pense à ses parents.

Recommencer ici. Dans cette ville. Dans sa maison. Dans son jardin.

Se tenir devant nous et nous dire : J'ai quelque chose pour vous. J'ai trouvé une solution. Vous irez mieux demain. Vous aurez une vie meilleure.

Lemoine dit non.

— J'ai de la sympathie pour vous, Coué. Votre père était cheminot, le mien était jardinier. Nous nous ressemblons. Je n'aime pas vos – il marque une pause, cherche un mot blessant – jongleries thérapeutiques, mais vous avez pris soin de ma fille. Prenez soin de cette maison. Soyez-en digne. Ce sapin, ce cognassier, je les ai plantés moi-même. Je ne veux voir personne ici.

Émile acquiesce. Il ne brusquera pas le père de Lucie. Du reste, il s'est pris d'affection, à la longue, pour ce vieil homme qui lui a longtemps fait peur. Lemoine est resté simple, sous ses médailles. Il n'aime rien tant que ses arbres. Mais à son âge, il aime aussi dérouler et dérouler encore le grand récit, la modestie des commencements, les premières créations, les potentilles et les spirées, les lilas à fleurs doubles, les phlox, puis les succès, les triomphes, tout l'empire enfin des pépinières Lemoine. Un empire, oui, venu de rien, conquis tout seul, son œuvre à lui, sans personne d'autre.

Alors il écoute, Émile, poliment, servilement, tendrement, avec des oh et des ah. Puis, d'une semaine à l'autre, il écoute un peu moins. Puis un jour il n'écoute plus. Car une idée vient de naître. C'est Lemoine lui-même qui, sans le savoir, la lui a donnée : autosuggestion. Tout seul. Soi-même. Se guérir sans personne d'autre.

C'est la clé. C'est ce qui manquait à ce qui ne sera pas une technique parmi d'autres, pas un traitement, mais une méthode, *la* Méthode, la sienne.

Des pistes s'ouvrent. Ses carnets se couvrent de schémas, de formules, de phrases à essayer, plus tard. Émile ne veut plus seulement soigner, mais aider à aller mieux, à tenir bon, à être heureux. *Pensez toujours « je peux » et jamais « je ne peux pas ». Ayez la certitude d'obtenir ce que vous cherchez et vous l'obtiendrez. Vous n'êtes pas des malades, vous êtes mes amis.*

Et lui, qu'est-il donc ? Il n'est pas docteur. Il n'est pas un maître. Un jour, la réponse lui vient : il est un professeur. Un professeur d'optimisme. C'est ce qu'il répétera, désormais. Émile Coué, professeur d'optimisme.

Lucie ne le reconnaît plus. On dirait qu'il bondit. Comme si, l'âge venant, des pans entiers de sa vie s'en allaient sans rien laisser. Comme s'il s'était mis à lui ressembler à elle : plus fort, détaché du passé, plus ouvert sur le jour. Et l'instant d'après, à un regard, à un geste qu'il a soudain, elle le retrouve.

— Tu crois ? Je peux ? C'est possible ?

Alors, d'une voix tendre et amusée, elle lui répète ses propres phrases, mesurant tout ce qu'elles cachent de doutes et quelle parade elles lui offrent.

Puis les mois passent et le père Lemoine meurt quelques jours avant Noël.

Une femme s'avance, elle est jeune, elle est vieille, peu importe, elle regarde la façade, elle regarde le ciel. Elle fait un pas, arrange un peu son chapeau, ou son foulard, ou ses cheveux, lève les yeux, regarde encore. C'est là, c'est l'adresse, la grande maison blanche au bout d'une rue en pente, les hautes fenêtres, les petites fleurs sculptées sous le balcon.

Des cloches, quelque part. Un oiseau. À l'étage, les fenêtres s'allument, s'éteignent. La femme n'est plus seule, ils sont quatre, ils sont dix. Mouvements de chapeaux, regards fuyants. C'est un beau matin au printemps, les derniers jours d'hiver, peu importe, c'est l'attente, c'est tout un espoir, tout un demain qu'on voudrait un peu plus doux. Ils sont quinze, ils sont vingt. Des amis de la famille, des voisins, des curieux. Ils attendent devant la grille. Ils attendent Émile.

Il est là lui aussi, quelque part derrière la porte, il a la trouille.

Costume noir, nouvelle chemise, il murmure quelques phrases d'une voix très basse, ses oreilles bourdonnent, son cœur s'affole, retrouvera-t-il les mots, les gestes ? Il met la main sur la poignée, hésite encore un peu, se retourne. Ses yeux tombent sur un grand bouquet d'iris. Lucie est derrière lui, glisse un mot dans son oreille. Il finit par ouvrir.

C'est la première séance, la première fois ici, à Nancy.

Émile va de l'un à l'autre, serre des mains, dit merci. Après les politesses, les choses sérieuses. Tout le monde le suit au salon, où il a disposé des chaises, tout à l'heure. Au premier rang, Marie et son mari Poirine sont venus le soutenir. Lucie s'installe au fond.

Ça commence par une leçon. Émile revient sur son parcours, l'hypnose, l'hypnotisme doux, les années d'expérience. Il demande un volontaire, Poirine se lève, on l'applaudit. Émile reprend la parole, sa voix a changé, elle est terne, inexpressive : Poirine doit croiser les mains, serrer très fort, répéter je ne peux pas les bouger. Poirine fait la moue mais ne discute pas, obéir il connaît ça, il a été soldat toute sa vie.

Émile pose ses mains sur les siennes, les serre plus fort encore, répète à son tour : Vous ne pouvez pas les bouger. Puis il explique la suite : il va compter jusqu'à trois. Arrivé là, Poirine devra ouvrir ses mains tout en répétant je ne peux pas, je ne peux pas. Émile dit un, Émile dit deux, Émile dit trois, Poirine fronce les sourcils : ses mains ne bougent pas. Émile jette un œil vers l'assistance, revient vers Poirine, murmure maintenant :

— Vous pouvez.

Les mains s'ouvrent.

Et il sourit, Émile, il sourit de tout son cœur. Poirine est un brave type, décidément.

Le beau-frère reprend sa place, quelques personnes hochent la tête, d'autres replient leurs doigts, pour voir. Émile commente, il analyse, il affirme, donne des exemples, les mots s'enchaînent et se bousculent, des mots qui lui ressemblent, des mots épais, des mots bruts, des mots qu'on pourrait palper, fou rire, dormir, mal aux dents. Des mots simples pour expliquer cette chose simple : notre esprit.

Car nous sommes simples. Nous voulons aller bien, nous allons mal. Nous voulons faire, nous ne faisons pas. Nous voulons. Tout le problème est là, la volonté nous brime, elle nous use, elle nous ronge. Vouloir faire, c'est échouer. Plus on veut dormir et moins on dort. Où trouver le sommeil alors ? Émile a la réponse : par l'imagination. S'imaginer qu'on est au mieux. S'imaginer qu'on est exactement où l'on désire être. Et visualiser ça, le visage apaisé, le corps allongé, la paix. Alors le sommeil viendra, il viendra discrètement, comme viennent toutes les belles choses.

Émile respire un peu, roule une cigarette, recommence.

C'est l'imagination qui nous conduit. Il répète le mot, il détache chaque syllabe, il pourrait presque voir les lettres scintiller devant lui. L'imagination est la clé, le remède et le mal. Si je tombe de mon vélo, au début, c'est parce que j'imagine ma chute et par là même je la crée. Si j'ai le vertige, c'est parce que j'imagine ma chute, ce désir peut-être.

Et il imagine, Émile. Il imagine des exemples, des

expériences qu'on pourrait faire pour nous convaincre. Tenez, la cathédrale de Nancy. Vous êtes là-haut, sur l'une des tours. Vous voulez aller sur l'autre. Il y a une planche, une poutre, peu importe, c'est étroit mais on passe. La planche serait posée au sol, vous iriez facilement, sans même toucher les bords. Mais voilà, c'est là-haut, à soixante-dix-huit mètres, vous voulez traverser mais vous renoncez, bien sûr, c'est trop dangereux, vous vacillez déjà.

Et il cogite, Émile, il en tire un principe, il en tire une loi, la toute première, le fondement même de la Méthode : « Quand la volonté et l'imagination sont en lutte, c'est toujours l'imagination qui l'emporte, *sans aucune exception.* »

Viennent ensuite d'autres lois, des détails, des finasseries, « Dans le conflit entre la volonté et l'imagination, la force de l'imagination est *en raison directe du carré de la volonté* » et « Quand la volonté et l'imagination sont d'accord, l'une se multiplie par l'autre », mais l'essentiel n'est pas là, l'essentiel est dans ces mots qu'il répète à présent : « L'imagination peut être conduite. » C'est une loi aussi, la quatrième et la dernière, celle qui fonde l'aspect pratique de la Méthode. Celle qui doit guérir. Celle qui, dans tous ces presque et ces peut-être qui font une vie, ouvre un espace pour l'espoir et pour la joie.

Et comment ça se conduit, l'imagination ? Émile a la réponse aussi, c'est un mot encore, il le brandit, il l'agite, il le secoue dans son salon : autosuggestion. Si l'idée est une graine, on peut la planter soi-même. On peut la faire grandir. Une fleur viendra, une fleur sans nom latin, une fleur qu'aucun pépiniériste ne créera jamais, une fleur à soi, plus sauvage, plus durable et plus puissante. J'imagine le bonheur et je serai heureux. J'imagine la santé et je serai bien portant. Il faut juste planter la graine. Et comment faire ? Émile le sait, Émile jubile, c'est évident comme un essaim d'oiseaux dans le ciel, c'est facile comme jeter des cailloux dans l'eau.

Il faut parler. Rien d'autre. Se parler à soi-même. Prendre les mots un à un, les répéter, les répéter très vite, comme une machine, comme un enfant. Vingt fois au réveil, vingt fois au coucher. Je suis serein, je suis serein. Je n'ai pas mal, je n'ai pas mal. Comme ça tous les jours, tous les jours de toute la vie. Après, les mots vivent la leur, de vie. Ils se logent Dieu sait où, dans notre cœur, dans notre esprit, puis ils nous changent.

Comment, par quel secret ? Il ne sait pas. Il sait les mots qui disent la guérison, c'est tout, et il croit qu'ils la font.

Il sait mettre du sourire dans sa voix.

Il sait la couleur.

Il sait l'espoir.

Et il met sa foi dans les mots.

Alors il répète, Émile, Dieu sait s'il se répète, il ne fera plus que ça, tous les jours de toute la vie, de conférence en conférence, de rencontre en rencontre, toujours les mêmes conseils, toujours les mêmes vérités. Toujours les mêmes salades.

Mais pour l'heure il est dans son salon, les gens sont encore là, la séance est loin d'être finie. Émile est bavard mais Émile aime agir, aussi. La thérapie commence. Il va de chaise en chaise, eh bien qu'avons-nous là ? de quoi souffrez-vous mon ami ? ah ne dites rien, je le vois à vos yeux. Aux uns il prend la main, aux autres il dit ça passe, ça passe, ça passe. Répétez donc cela, oui, chaque matin et chaque soir. Vous n'avez pas besoin de canne, vous n'avez pas besoin de canne. Oui, faites-le sans trop bouger les lèvres, que les mots sortent à peine, parlez vers l'intérieur, parlez à votre esprit. Dites à votre mal : Tu m'as eu, tu ne m'auras plus.

Lucie ne l'a jamais vu ainsi, personne ne l'a jamais vu ainsi, il a l'énergie des grands acteurs, il se penche, se redresse, ouvre les bras, éclate de rire et tous ses gestes sont l'autre nom de sa tendresse.

Il reprend la parole, c'est tout un discours, toujours le même, débité d'une voix lente et douce, monocorde, apaisante : Je ne veux pas essayer de vous endormir, cela ne servirait à rien, je vous prie de fermer les yeux simplement pour que votre attention ne soit pas distraite par les objets qui frappent votre regard, dites-vous bien maintenant que toutes les paroles que je vais prononcer vont se fixer dans votre cerveau, s'y imprimer, s'y graver, s'y incruster, qu'il faut qu'elles y restent toujours fixées, imprimées, gravées, incrustées, et, sans que vous le vouliez, sans que vous le sachiez, d'une façon tout à fait inconsciente de votre part, votre organisme et vous-mêmes devrez y obéir. Je vous dis d'abord que, toutes les nuits, à partir du moment où vous vous serez couchés jusqu'au moment où vous vous lèverez le lendemain matin, vous dormirez d'un sommeil profond, calme, tranquille, pendant lequel vous n'aurez pas de cauchemar et au sortir duquel vous serez tout à fait bien portants, tout à fait gais, tout à fait dispos. S'il vous arrivait quelquefois d'être tristes, d'être sombres, à partir de maintenant il n'en sera plus ainsi et, au lieu d'être tristes, sombres, au lieu de vous faire du chagrin, vous serez gais, bien gais, gais sans raison, c'est possible, mais gais tout de même, comme il pouvait vous arriver d'être tristes sans raison ; je dirai plus : même si vous avez des raisons vraies, des raisons réelles de vous faire de l'ennui et du chagrin, vous ne vous en ferez pas. J'ajoute que tous vos organes fonctionnent bien ; le cœur bat normalement et la circulation du sang s'effectue comme elle doit s'effectuer ; les poumons fonctionnent bien ; l'estomac, l'intestin, le foie, les reins remplissent normalement leurs fonctions. Si l'un d'entre eux fonctionne actuellement d'une façon anormale, cette anomalie disparaît un peu chaque jour, de telle sorte que, dans un temps peu éloigné, elle aura disparu complètement et cet organe aura repris sa fonction normale. De plus, s'il existe quelques lésions dans l'un d'eux, ces lésions se cicatrisent de jour en jour, et elles seront rapidement guéries. En somme, je veux que, à tous points de vue, tant au point de vue physique qu'au point de vue moral, vous jouissiez d'une excellente santé, d'une santé meilleure que celle dont vous avez jamais pu jouir jusqu'à présent. Maintenant, je vais compter jusqu'à trois et quand je dirai trois vous sortirez de l'état où vous êtes et vous en sortirez bien tranquillement, comme si vous sortiez du sommeil naturel, vous serez bien éveillés, pas engourdis, pas fatigués le moins du monde, tout au contraire, vous vous sentirez forts, vigoureux, alertes, dispos, pleins de vie ; de plus, vous serez gais, bien gais et bien portants à tous égards. Puis quand vous serez partis, quand vous serez chez vous, ce soir, demain matin, vous vous répéterez les paroles que je viens de prononcer, sans y penser, et ces paroles rouleront dans votre esprit et se fixeront dans votre inconscient, qui les emploiera pour son plus grand bien.

Un.

Deux.

Trois.

La Méthode est née. La Méthode, ce n'est pas l'hypnose, ni même, en soi, la suggestion. La Méthode c'est passer le flambeau. C'est dire aux gens : Soyez vous-même votre petit Émile. Oubliez-moi. Venez voir comment ça marche puis allez et vivez.

Novembre 2021. Je viens d'avoir Dominique au téléphone.

Dominique est sophrologue. Avec un groupe de passionnés, elle a fondé l'association Sur les pas de Coué. Visites, conférences, démonstrations : la mémoire d'Émile est bien vivante en Lorraine. Je voulais prendre contact, poser quelques questions.

Nous avons parlé près d'une heure. J'ai noté sous sa dictée des noms, des titres de livres, des pistes de recherche. Il faudra venir voir son buste au parc Sainte-Marie, oui c'est à Nancy, il y a même eu un buste à Moscou, vous savez ? Il y a la maison, aussi, vous viendrez, les propriétaires sont charmants, on va s'arranger.

J'ai bafouillé, on verra, je ne suis pas sûr, c'est un simple projet, je tâtonne. Je n'assume pas ce mot pompeux : roman.

— Vous pouvez le faire et vous allez le faire.

Je souris.

Elle insiste :

— Vous ne m'appelez pas par hasard. Émile Coué disait : « Il n'y a pas de hasard. »

Plus tard dans la soirée, je reçois un mail d'elle. Elle anime des stages de formation à la Méthode. Le prochain aura lieu les 11 et 12 décembre au domaine de l'Asnée, Villers-lès-Nancy. C'est l'ancien séminaire du diocèse, un très grand parc, un bel endroit, vraiment. En bas du mail, après la signature : *Spécialiste Sommeil – Acouphènes – Hyperacousie – Vertiges.*

Je relis le message. Je relis cette date, 12 décembre.

André est mort le 12 décembre, un an plus tôt, jour pour jour.

J'ouvre un carnet, j'écris *Vertiges.* Puis : *Il n'y a pas de hasard.*

10 décembre, le soir, la gare de Nancy est dans mon dos. Au sol, la neige, durcie déjà. Sur les façades, dans les rues, c'est la gaieté forcée d'avant Noël, du plastique, des lumières, partout cette même chanson : tout va bien, tout va bien. Une image me vient, Émile ici, Émile descendu du train, son regard sur la gare, la belle façade de calcaire jaune et, derrière elle, les deux tours pseudo-gothiques de l'église Saint-Léon.

Plus tard, le taxi me dépose au domaine de l'Asnée. Je remonte une allée, sous les grands arbres et la nuit sans étoiles. On me donne une clé, la chambre est toute nue, froide. Je me dis : l'idéal pour écrire. Je n'écris pas, c'est à peine si je lis, j'attends, je me sens de trop. Le stage commence demain.

Je prends mon téléphone, je lis de vieux messages, de

vieilles mauvaises nouvelles, hôpital, cliniques, jour de l'enterrement. J'appelle Irène. Depuis la mort d'André, son état s'est dégradé. Elle a perdu l'usage de ses jambes.

Je suis presque sûr qu'il n'y a personne dans les chambres d'à côté mais, par habitude ou par pudeur, je baisse la voix. Irène répète : Je suis contente. Contente de m'entendre, contente tout court. Elle aimait ce mot, je crois. Le seul qu'on ose dire, peut-être, quand ceux du bonheur sont interdits. Elle s'y accrochait comme à un beau mensonge : contente, contentée, pas de manques ni d'absences.

Elle me demande d'où je l'appelle. C'est absurde, je mens. Je dis : De la maison. Elle me demande d'embrasser mon fils pour elle. Elle me demande si je vais bien. Elle me demande si mes parents vont bien. Si j'aime toujours ce que je fais, mon travail, mes élèves. Elle demande. Elle demandait toujours, Irène. Elle n'affirmait presque jamais. Elle s'effaçait. Elle vivait là, dans cette sagesse-là : dans la lumière de l'effacement. Dans cette demande qui est toujours un don, une attente, une attention.

Beaucoup de silence passe entre nous. Je pense : 12 décembre. Je dis : Après-demain… Elle ne répond rien, je sais à quoi elle songe, où elle est, avec qui.

L'espace d'un instant, j'ai la tentation de tout lui raconter : Nancy, la méthode Coué. Lui parler d'Émile. Lui parler comme lui, peut-être : s'ouvrir à la joie, croire au lendemain. Je renonce aussitôt ; je sais son corps plié en deux, je sais la mort autour d'elle. Quelques slogans répétés n'y changeront rien. On insulte la douleur à vouloir la nier. Seul le silence me paraît digne.

Irène me dit qu'elle ne m'oublie pas, qu'elle a

commencé une lettre pour moi. Elle m'embrasse, elle raccroche.

Ensuite, je reprends mon carnet, j'écris. J'écris cette chambre, les arbres noirs. Le silence ne suffit pas. La vie est plus douce quand on la vit avec des mots.

Un peu après, j'ai le front penché sur la vitre. Les arbres noirs s'animent. Un souvenir remonte. André est encore là. Il est au lit, il dort. Ils vivent dans un studio, au rez-de-chaussée d'un établissement spécialisé. Irène est dans son fauteuil, comme toujours, près de la fenêtre.

Devant elle, la télé. Un reportage animalier, des chamois, des oiseaux. Elle est captivée.

Elle finit par me dire : J'aurais aimé ça, tu sais.

Je la regarde.

— Tenir une auberge, quelque part à la montagne.

Je hoche la tête. Un courant d'air passe dans les rideaux. Irène reprend, commence à décrire. Ç'aurait été un lieu perdu, avec des randonneurs. Un refuge, une chapelle pas loin, les enfants dans une cabane. Ouvrir la porte et voir des gens. Ouvrir les volets et voir des sommets blancs. Une autre vie. Une vie meilleure. Elle dit tout ça de sa voix calme, dans un souffle.

Elle ajoute :

— Ça n'a pas été possible.

Je ne dis rien. Je pense à la photo, au-dessus du lit d'André : Joël en judoka. Je sais qu'Irène comprend.

André respire lourdement, derrière moi.

Dehors, quelque chose bouge, un oiseau, la branche d'un sapin. Le visage d'Irène s'éclaire. Elle tend le doigt, me montre le ruisseau, me dit le nom des arbres. Son dos se redresse un peu. Elle raconte les écureuils, la brume au petit jour, les rameaux sous la pluie. Elle raconte le soleil qui vient de gauche, le ruisseau qui déborde, la neige qui nous rend notre enfance.

Elle me dit que des renards passent par là, sans doute, qu'elle espère en voir un jour, il faut bien qu'il y en ait, elle en voyait souvent, avant, sur la route du pré ou, avant encore, près de la ferme de son père, parfois elle devine des empreintes sur le sol. Elle me dit qu'elle imagine. Elle me dit qu'elle aime avoir des choses à espérer.

Bientôt, la télé n'existe plus, la chambre n'existe plus, nous sommes ce regard partagé et mon souvenir, peu à peu, se défait dans la nuit.

Puis ma chambre, les arbres noirs. Ces mots que je murmure : Maman gaie et courageuse.

Elle avait sa propre méthode, Irène. Elle attendait les écureuils et les renards. Elle savait cueillir la joie, tous les jours, à tous poins de vue. Et si la joie était partie, elle s'en inventait une.

Le lendemain matin, j'arrive au réfectoire, il est tôt. Une longue table, des thermos de café, des fruits. Quelques personnes, je vais les voir. Elles sont là pour un autre stage, commencé la veille : une formation pour les soignants. Échange de politesses, questions. Du bout des lèvres, je dis : méthode Coué. Quelqu'un pouffe.

— Ça se pratique encore ?

Je réponds : C'est ce Coué qui m'intéresse. Pour un bouquin.

Une femme, dont j'apprendrai ensuite qu'elle est psychiatre, m'adresse un sourire protecteur.

— Intéressant, la méthode Coué. Le pouvoir du mental. Mais l'autosuggestion, ça ne marche pas. On ne soigne rien comme ça. On élude les problèmes. On reste à la surface. Cacher le négatif ne suffit pas. Il faut transformer le négatif en positif.

Je fais oui de la tête. Quelqu'un intervient :

— La méthode Coué, c'est le magnétisme. Il faut le magnétisme. Moi j'ai le magnétisme.

À côté, un homme acquiesce, répète méditation, méditation focalisée, méditation en pleine conscience. La psychiatre répond subconscient, les mots s'enchaînent, opaques, ils claquent dans l'air comme des vérités absolues, ayurvéda, coupeurs de feu, réflexologie faciale, c'est toute une langue qui prend corps devant moi, me tombe dessus, m'écrase à coups de certitudes.

Je me tais.

Je me cache dans ma langue, ma langue tout ébréchée, celle du silence et du doute, celle qui vacille sous le poids des souvenirs.

Je regarde vers les fenêtres, le ciel sombre encore.

J'aimerais être avec Irène. J'aimerais être avec elle et, comme souvent, pouvoir lui dire : Il pleut. Ou : Il a neigé. Ou : Il y a du soleil.

Avec elle, ces paroles suffisaient. Elles étaient chargées de plus de sens que celles que j'échange avec la plupart des gens. Il n'y avait qu'à dire les mots pour qu'ils se posent sur le monde, le plus doucement possible.

Il n'y avait qu'à se taire à deux.

C'est peut-être ça, le deuil : continuer à se taire, mais tout seul.

Petite salle, tableau blanc. Le stage commence. Avec Dominique, nous sommes huit. Mots d'accueil, plaisanteries, tour de table. Une femme, d'abord. Elle dit : J'ai beau avoir soixante-huit ans, je n'ai toujours pas confiance en moi. Sa voix est frêle. Son regard un peu perdu. Elle porte une croix autour du cou et un petit bracelet de pierres bleues au poignet. Elle est veuve.

Ensuite, deux femmes venues ensemble, d'anciennes

collègues d'un même établissement scolaire. La première souffre d'insomnie. La deuxième cherche ses mots : elle a été malade, elle est guérie mais elle vit mal son départ à la retraite. Elle ne sait plus trop où elle en est.

Deux personnes, encore. Une femme au visage marqué : depuis que son fils est parti vivre à Dubaï, l'idée même de manger lui est devenue pénible. À côté d'elle, un professeur d'anglais : Je viens parce que la méthode fait des miracles, elle peut sauver l'humanité. Il baisse la voix : il aimerait gagner plus d'argent.

Toutes les détresses se ressemblent.

Les regards se tournent vers moi. Ce que j'attends du stage ? J'ai un peu honte : je suis l'intrus, l'homme de peu de foi. Je dis juste : Coué m'intéresse.

À la fin, c'est Fabienne. Elle connaît bien la Méthode. Elle dit qu'elle est là, d'abord, par amitié pour Dominique. Sa voix s'enroue : Je traverse une période difficile au niveau médical.

Elle dit : J'ai mal dans ma tête.

Bruit de chaises, c'est la pause-déjeuner. Retour au réfectoire.

Dominique revient sur la séance du matin, ajoute quelques détails, une précision sur la Méthode, une anecdote sur Émile. Elle nous parle de Lucie, qui y a cru, encore et jusqu'au bout.

Le professeur d'anglais décrit son projet : fonder une école en Angleterre et y apprendre aux enfants la pensée positive. Ce sera la fin des guerres. Pourquoi l'Angleterre ? Parce qu'il n'y a plus d'espoir ici, les Français n'aiment pas la joie.

Sa voisine approuve, c'est ce qu'elle trouve dans le yoga, la joie. Un voyage en Inde a changé sa vie.

Fabienne baisse la voix, les résultats qu'elle attend tomberont mardi. Le mot cancer a été prononcé un mois plus tôt. Elle est en pleine forme, c'est ça qui la désole, aussi, que ça surgisse d'un coup, souterrainement. Et il y aura le traitement, quel qu'il soit, et là elle ira mal, elle sait qu'elle ira mal. Elle est entourée, bien sûr, mais malgré elle s'isole, se le reproche. Aller voir ses amis, ce serait en parler. Il faut bien qu'elle en parle, pourtant. Quand elle ira mal, est-ce qu'elle pourra encore soutenir les autres, sa famille ?

— Je casse l'ambiance, pardon.

Elle rit.

Dominique lui prend la main.

— Dis-toi : Je vais me soutenir moi.

L'après-midi s'achève. Nous avons beaucoup parlé, beaucoup écouté, répété des phrases, visualisé, marché sur des cathédrales. Mes camarades de stage repartent. Dominique m'emmène dans sa voiture. Avec l'association, elle a mis en place tout un circuit Coué à Nancy.

De ce côté-là, la maison de Liébeault et la faculté de pharmacie. Plus loin, le parc Sainte-Marie. Dominique se gare. Elle me parle des magnolias, somptueux au début du printemps. Des allées, une ombre : c'est Victor Lemoine, ou plutôt le monument qu'on lui a érigé après sa mort. J'éclaire le buste avec mon téléphone :

barbiche et visage dur. On ne reste pas longtemps. L'essentiel est ailleurs, à quelques pas de là : notre bonhomme lui-même. Je devine, dans l'obscurité, la joie de Dominique.

— Tu vois son sourire ?

Grand piédestal type Arts déco. Au sommet, nœud papillon, barbiche, c'est Émile. Les bords de la moustache se relèvent. Les années passent, les saisons changent, son sourire reste.

Plus bas, à l'avant du monument :

À ÉMILE COUÉ

1857-1926

À L'INITIATEUR ET À L'HOMME DE BIEN,
EN RECONNAISSANCE MONDIALE

Nous repartons. Très vite, tout près du parc, la rue Jeanne-d'Arc, sa pente légère. Immeubles XIXe, hôtels particuliers, fioritures aux fenêtres. Viennent les numéros 196 et 198 : deux maisons jumelles, ou, si l'on préfère, une seule maison coupée en deux. Je griffonne quelques notes dans mon carnet. Hautes fenêtres, balcons ouvragés, fleurs de pierre. Sur les grilles, des swastikas, symboles d'éternité. Cette fenêtre-là, c'est le salon, Coué y recevait des malades. Là-haut, la chambre. Toute la partie droite, c'était chez les Poirine. À l'époque, c'étaient les numéros 184 et 186, puis la rue s'est allongée.

J'essaie d'apercevoir le jardin, à l'arrière. Deux sapins dépassent. Mon insistance amuse Dominique. Je lui demande s'il y a d'autres arbres, quels types de fleurs poussent là, je veux sentir les choses, l'imaginer là, Émile, palpant la terre.

Elle ne sait plus, elle a des photos, elle ira vérifier.

— Je rêve que la maison devienne un musée.

Elle regarde l'heure, elle ne peut pas s'attarder. Elle me montre encore la rue qui longe l'arrière du jardin, la rue Émile-Coué, tout simplement, une ruelle, plutôt.

Ensuite, dans la voiture, Dominique me parle de son fils, qui vit à Lyon comme moi. De sa mère, très âgée, à Saverne, ma ville natale. Elle sourit : Émile Coué disait qu'il n'y a pas de hasard.

Elle me parle aussi de Fabienne. Elle dit juste : C'est toujours grave, un cancer. Il faut y croire, pourtant. Toujours. La Méthode ne guérit pas, elle accompagne. Elle aide à surmonter.

Puis elle me raconte des histoires étonnantes, des choses terribles qui s'éloignent, des paralysies vaincues, des vies non pas changées, mais inclinées différemment.

Dominique tourne le visage vers moi. Elle dit :

— Parfois, les gens arrêtent d'un coup. Ils ont peur. Ça marche tellement qu'on a peur d'aller mieux.

Nous arrivons au domaine. C'est la nuit complète, le ciel bas, la neige.

Je ne sors pas de la voiture tout de suite. Je ne sais pas pourquoi, je veux lui parler d'eux, Irène, André. Je lui raconte la mort de Joël, leur lent déclin, leur courage de vivre, l'endurance au malheur, le corps souffrant. Je lui dis que c'est eux que je viens chercher là, dans ce stage, dans cette tendresse pour Émile Coué.

Je cherche mes mots, je m'embrouille, rien n'est clair dans mon esprit.

— Excuse-moi, c'est un peu fou, c'est de la pensée magique.

Elle me dit :

— Non, je comprends. Tu n'as rien pu faire pour eux. Tu t'intéresses à quelqu'un qui aurait pu faire quelque chose. Il aurait pu les aider.

Le lendemain, Dominique nous propose un exercice : rédiger l'affirmation que nous pourrions répéter au réveil et au coucher. À tour de rôle, nous devons l'écrire au tableau. Les phrases s'enchaînent. *Je peux aller de mieux en mieux. Chaque soir je m'endors sereinement. Je peux manger avec plaisir. Je suis confiante devant les autres.*

Vient mon tour. Je prends le feutre, j'écris : *Chaque jour j'avance dans mon roman.*

Dominique est embêtée.

— Et si un jour tu n'avances pas, que se passera-t-il ?

Elle a raison. Si un jour je n'avance pas, ce sera le doute. Puis le silence, puis le renoncement. Une peur me prend. Peur de ce choix étrange, Émile Coué. Peur d'écrire : les mots jamais les bons, les pages entières à jeter. J'ai peur et plus que tout, peut-être, j'ai honte de ma peur – si confortable, si bourgeoise et égoïste. Je regarde Fabienne, je vois sa peur à elle. Je vois mes camarades, leurs détresses tellement plus profondes et tellement plus vécues. Je vois ma présence ici, si fausse, extérieure.

Dominique me sourit. D'une voix très douce, elle suggère : Je peux écrire ce livre facilement.

— Mets la phrase sur le tableau. Répète-la. Apprends-la. Quand tu seras chez toi, répète-la tous les jours.

Elle me demande encore :

— Au fond, pourquoi tu veux l'écrire, ce livre ?

Je comprends mal la question, je réponds : Coué m'intéresse, c'est une page d'histoire, ça dit des choses de nous. Et puis c'est un perdant, les perdants me fascinent, aujourd'hui on dit méthode Coué et les gens se moquent.

— Non, *pour quoi* tu veux écrire sur lui ? Qu'est-ce que tu en attends, toi ? Qu'est-ce que tu vois quand tu imagines ton roman ?

— Je le donne à quelqu'un.

MIRACLE MAN

1913. La vie nouvelle bat son plein. Les gens viennent. Jamais la foule, non, mais toujours du monde. Émile reçoit maintenant deux jours par semaine. Ça se passe au salon, ou dehors, quand il fait beau.

Ses mots plaisent. Son regard, son bon sourire aussi. Beaucoup reviennent. Bientôt, il fédère autour de lui un petit groupe d'habitués. Il s'offre avec eux le jouet dont il rêvait : la Société lorraine de psychologie appliquée. Des réunions, des bilans d'activité, des discours à prononcer. Un public. Le brave Poirine est trésorier. Émile est président, bien sûr. Il fait imprimer une feuille de chou qui paraîtra chaque hiver et chaque été. Au début, tous les articles sont de lui, ou presque.

La même année, dix heures de train aller-retour : sa première invitation à Paris, pour un congrès. Il répète, répète encore : l'imagination tel un torrent, l'esprit humain comme terre aride, la fleur délicate de l'autosuggestion.

À la sortie, une jeune femme l'attend. Il se fige. C'est Annette, la petite fille au miroir et aux arbres. Elle a vingt-sept ans. Elle est aux Beaux-Arts. Elle a lu son nom sur une affiche, elle voulait l'écouter, lui dire merci, encore. Elle parle de lui souvent. Elle retourne à Nancy parfois, pour voir sa mère. Il faudrait qu'ils se revoient, oui.

Il rentre, il est comblé. Il raconte à Lucie les mains serrées, les cartes de visite récoltées. Il raconte Annette, sa guérison absolue, sa confiance de jeune femme. C'est qu'il est fier, Émile. Il a envie de rire, il pourrait applaudir, sautiller dans son fauteuil. Mais il a du travail, encore, des malades lui écrivent, veulent des conseils, veulent des détails : comment guérir, quelles paroles exactement, quelles images dans la tête ?

Alors il leur répond, il écrit aussi aux maires, aux députés, aux châtelains des environs, aux plus riches que lui, à ceux qui pèsent plus lourd, à tous ceux dont les jardins sont pleins de roses de chez Lemoine. Et dans chaque lettre, avidement, mesquinement, désespérément, il reprend les suppliques qu'il a commencées la veille : ne pourrait-on pas l'inviter, lui confier une salle, le faire parler dans les écoles, faire venir un journaliste ? Car sa Méthode, sa Méthode changera le monde, redressera la nation, nous rendra plus forts et plus heureux. Et dans ces mots comme dans les autres, il met toute sa candeur, toute sa rouerie, tout son amour.

Quand ils entendent son nom, les médecins s'agacent un peu, bien sûr. Mais les plus méfiants doivent l'admettre : il n'empiète pas sur leur domaine. Il ne fait pas de prescriptions. Il ne dissuade personne d'aller voir les professionnels.

Et puis, ajoutent certains, le bonhomme est sympathique, n'est-ce pas ? Son épouse est exquise. On boit de bonnes liqueurs, chez eux. Sa Méthode ? Les intentions sont excellentes, les résultats intéressants. Des efforts touchants, en somme. Du reste, il ne demande pas d'argent. Il aurait pu être des nôtres, vous savez, s'il s'était vraiment donné du mal pendant ses études. Dommage.

Parfois, à la faveur d'une rencontre ici ou là, un praticien moins complaisant pousse Émile dans ses retranchements. Croit-il sérieusement qu'une femme enceinte puisse choisir le sexe de son enfant ? Qu'adviendrait-il si des parents trop optimistes laissaient se dégrader longtemps l'état du leur ? Que pense-t-il de ceux qui ne guérissent pas, serait-ce qu'ils s'y prennent mal, seraient-ils responsables ? Peut-on vraiment parler d'autosuggestion, vu l'importance qu'a dans sa pratique son charisme personnel ? Et puis qu'offre-t-il de neuf, en vérité, avec ces répétitions puériles, croirait-il donc qu'on l'a attendu pour inventer la petite prière du soir ?

Mi-stratégie, mi-candeur, Émile fait le dos rond. Il lève les bras, allume une cigarette, sourit d'un air étrange. Quelques réponses laconiques finissent par sortir, toujours les mêmes. Oui, vous avez raison. Non, peut-être pas. Sans doute. Il faut savoir persévérer. Il faut de la mesure. Qu'est-ce qu'il y peut si des gens appliquent mal sa Méthode ? Autosuggestion, suggestion, n'est-ce pas le résultat qui compte ? Le sens des mots, vous savez, moi je suis fils de cheminot.

Puis, quand on insiste vraiment :

— Oui, oui, mais je vous prie de m'excuser, la prochaine séance va bientôt commencer.

Et le voici qui s'éloigne dans un grand nuage de fumée.

1913, encore.

Son premier testament.

Il en écrira deux, plus quatre codicilles. Méfiez-vous des optimistes : ils sont hantés par la mort.

Est-il malade lui-même ? Non. Ce testament est une tribune. C'est une chaire. Émile passe très vite sur les détails, un vase pour Poirine, le service à liqueur pour le frère de Lucie, son portrait pour un ami d'Amiens, sa collection de coquillages pour un musée. L'important vient ensuite. Si Lucie lui survit, tout sera pour elle. Si elle meurt avant lui, c'est la ville de Nancy qui sera légataire universelle. Et c'est là que ça commence. La leçon.

Émile veut « être utile à la Société ». Il veut « améliorer les bons et transformer les méchants ». Il appelle de ses vœux un « sauvetage moral des jeunes gens ». Alors il demande ça : que la ville, en échange de son legs, introduise sa méthode dans les hospices d'enfants, puis dans les maisons de correction.

Pour être bien sûr d'être compris, il ouvre un tiroir, attrape le texte d'une conférence qu'il a fait imprimer l'an passé. Un tiroir encore, une aiguille, un fil de laine, puis il relie le fascicule au testament. Tout est là. « Cette méthode, suivie à la lettre, donne à tous points de vue les résultats les plus remarquables. » C'est la Loi et les Prophètes.

Il imagine, Émile. Les gamins au réfectoire : J'obéirai à mes maîtres, j'obéirai à mes maîtres. Je ne volerai plus, je ne volerai plus. Je suis honnête, je suis honnête. Dans leur chambre ou leur cellule, vingt fois au lever, vingt fois au coucher.

Émile Coué, flic. Émile Coué, curé.

Son époque parle à travers lui.

La nôtre aussi, quand on y pense. Nos coachs, nos gourous ne disent pas méchants, ne disent pas vice, ni sauvetage moral. Mais c'est pareil. Ils disent s'adapter. Ils disent réaliser des objectifs. Gagner une heure de vie en dormant moins. Savoir gérer. Rebondir. Résilience. Les mots sont différents, le projet est le même. Qu'on s'ajuste au système pour mieux le conforter. Qu'on ne remette rien en cause, sinon soi-même.

L'encre est encore fraîche, Émile se relit, il répète quelques phrases à voix basse. Il est content. Il voit que cela est bon. Les feuilles de papier sont douces, la page crisse légèrement.

À la fin, il se lève, le parquet grince, il rejoint Lucie dans le salon. Elle est au piano. Il pose un baiser dans sa nuque. Elle le regarde. Sait-elle seulement qu'il vient de sauver la société ?

1913 toujours. Un jeune homme est là. Il n'a pas rendez-vous, non. Il insiste.

Lucie baisse la voix. Il fait un peu de peine.

Un malade ?

Elle n'est pas sûre, ça n'a pas l'air. Émile fait un geste, peu importe, il se lève, prend la main de Lucie, la porte à ses lèvres, doucement.

Les voici dans le salon, tous les trois, Lucie dans un fauteuil, le visage curieux, Émile encore debout, souriant, invitant le jeune homme à s'asseoir. Ce dernier hésite, une chaise aurait suffi, il ne veut surtout pas déranger, il ne restera pas longtemps. Il répète son nom, qu'Émile n'est pas sûr d'avoir compris : Baudouin, Charles Baudouin, peut-être connaissaient-ils son père, il était de Nancy, il était soldat, il est mort depuis neuf ans. C'est difficile pour la famille, oui, mais on s'accroche, il est boursier, il a des projets, il a une chambre à Paris, il est en licence à la Sorbonne.

Il parle vite.

Soudain, sa voix vibre un peu plus. Il passe une main dans ses cheveux, sur son visage, sur la très fine moustache qu'il porte pour paraître plus âgé. Il lâche le mot : c'est la psychologie qui l'intéresse. Il s'y destine. Il a lu Charcot, Bernheim. Et, récemment, on lui a parlé des travaux du docteur Coué.

Émile l'interrompt :

— Je ne suis pas médecin.

Charles se reprend, se désole, a trop peur de déplaire. Lucie fronce le sourcil, elle a trouvé Émile étrange, presque agressif. Mais voici déjà qu'Émile se déride et tout est pardonné, compris, oublié. Alors elle sourit elle aussi, et Charles, tous les trois.

Très vite, le malaise est dissipé, car il est bien charmant, ce garçon timide, visiblement austère, marqué déjà et jouant sans plaisir la comédie mondaine : question aimable sur le piano, commentaire sur le lustre, politesses sur les fleurs, dans les vases.

Tout en parlant, Charles observe, examine, enregistre. Il écrit déjà les phrases qu'il couchera le soir même dans ses carnets, *indulgente bonhomie, pas même la plus innocente ambition, il est de ceux aux yeux de qui la bonté est vraiment le sens de la vie.* Car Charles est plein de mots – d'idées, peut-être, plus encore que de mots. C'est un cérébral. Une intelligence. Et sans doute, au fond de lui, trouve-t-il chez Émile quelque chose d'un peu pataud, ses grosses mains, son gros bon sens, ses images trop faciles. Charles aime les métaphores subtiles, Charles aime la poésie, il écrit déjà des vers, les publiera plus tard, tout comme il publiera des contes, de gros livres et des études savantes sur la littérature française.

Mais pour l'heure il est là, il écoute, il parle, il demande à Émile de lui faire part de son savoir.

— Redites-moi votre âge ?

— Vingt ans.

Émile sourit d'un air rêveur. Il s'est trouvé un disciple.

Un testament, un disciple. L'heure est à la transmission. À ce qui s'achève et à ce qui commence.

Et ce qui commence, d'abord, ce sont les visites de Charles. Dès qu'il le peut, il accourt rue Jeanne-d'Arc, lourd de ses questions, lourd de sa foi, lourd de tout ce qu'il porte dans les bras, des violettes pour Lucie, des confitures, des pommes, des noix, un napperon, il est un peu gêné, il est un peu honteux comme on l'est à son âge quand on obéit à sa mère, car c'est sa mère qui veut ça, elle insiste : on ne dérange pas les gens sans un petit cadeau, que va penser le bon docteur, tu es bien sûr qu'il aime vraiment te voir ? Et quand il passe la porte, quand Émile pose une main sur son épaule, quand Lucie dit que c'est charmant, ces fleurs et ces napperons, il est plein de sa mère, encore, de son visage inquiet, de ses mains de veuve qui ouvrent des placards.

Il a vingt ans.

Émile s'attendrit, prend les confitures et les pommes, il y a des choses qu'il respecte, il y a des choses qu'il comprend sans qu'il y ait besoin de mots.

C'est ensuite de longues discussions passionnées, des repas partagés, le bonheur d'avoir quelqu'un à qui parler. Puis les séances de cure, bien sûr. Elles attirent vraiment du monde, ces derniers temps, une vingtaine de personnes à chaque fois. Émile songe à faire construire un cabanon dans le fond du jardin. En attendant, ça se passe toujours au salon, ou dehors, près du cognassier.

Charles s'installe dans un coin, ne manque rien du spectacle. Les gestes, l'intonation, l'effet que fait sur les uns ce qui arrive aux autres, tout le passionne, tout finit dans son calepin. Il examine, il analyse, il juge. Il n'est pas dupe, au fond, des faiblesses de la Méthode, mais quelque chose l'entraîne là, le fascine, ce pouvoir malgré tout, ces gens qui se relèvent d'un coup, radieux, sincèrement convaincus qu'une vie nouvelle s'offre à eux. Et à son tour, ne serait-ce que pour voir, il répète avec eux la formule qu'Émile vient tout juste d'élaborer : *Tous les jours, à tous points de vue, je vais de mieux en mieux.*

Ah, qu'il est fier de sa trouvaille, Émile, il a fallu 1913 pour qu'elle lui vienne, étincelante, entêtante, merveilleusement simple, enclose à jamais dans la perfection de ces quatorze mots qui sont aussi quatorze syllabes. *À tous points de vue,* surtout, c'est la pointe ultime : aucune longueur, aucun détail, aucun de ces mots qui, par le seul fait d'être là, pourraient imprimer dans notre esprit l'idée de ce qu'ils veulent dire. Car le cerveau est bête, explique Émile, il ignore les négations. Allez répéter *je n'ai pas peur,* et seul *peur* restera. L'autosuggestion est un art. Il faut savoir ruser.

Charles approuve, Charles note cela dans son calepin, et c'est bien un léger frisson, il doit l'admettre, qui le saisit.

Ensuite la séance s'achève, Émile se dirige vers Charles, lui demande son avis, ses conseils s'il en a. Charles n'en a pas, bien sûr, il n'oserait pas, mais la discussion reprend, ils refont la séance, décrivent les regards, les frémissements, les résistances chez certains. Ils parlent de la dernière idée d'Émile : utiliser une corde à vingt nœuds, un peu chapelet, un peu bracelet mala, pour s'aider dans les répétitions. C'est puéril, sans doute, mais Émile en est sûr, ça fonctionne, et il compte bien en distribuer des quantités autour de lui.

Des heures passent ainsi, ils arpentent le jardin, ils en reviennent aux pommes, aux noix, aux choses toutes simples qui sentent la terre, à la cuisson des confitures, ils se taisent, ils regardent les arbres.

Et dans ce regard, ils sont un peu père et fils.

Été 14.

Les affiches sur les murs, les longs cortèges, les larmes. La colère, la peur : Nancy n'est alors qu'à dix kilomètres de la frontière avec l'Allemagne. Les premiers obus tombent sur la ville en septembre.

Ni Émile ni Charles ne font la guerre. Émile est trop vieux. Charles, trop fragile : réformé.

À sa manière, Émile combat. Pas les boches, non, bien sûr, mais la peur, le désespoir, les blessures qu'on voit et celles qu'on ne voit pas.

La plupart des médecins sont sur le front. Beaucoup sont morts. Beaucoup ont mieux à faire, des jambes à amputer, des corps à recoudre. Il faut bien du courage pour aller les voir, leur dire ses petits doutes. Il faut bien de l'argent, aussi. Et pourtant, la vie s'obstine, à peine différente à certains égards, elle est toujours dans le blé qui lève, toujours aussi dans le cœur qui s'affaiblit, les douleurs qui nous surprennent, l'abcès qui nous inquiète, la rougeur qu'on n'avait pas vue la veille.

Alors, chaque jour davantage, ils viennent chez lui,

Émile, les soldats en permission, les vieux parents brisés, les épouses restées seules ; ils viennent de Nancy, des villages alentour, d'Épinal, de Saint-Dié, ils arrivent sur des charrettes, à dos de mulet, certains ont une voiture, il y a des riches aussi. Pendant les séances, quelque chose du visage des uns passe dans celui des autres, c'est le même tremblement léger des paupières, la même soif, la même demande. Toutes les détresses se ressemblent.

Bientôt, la Lorraine entière connaît l'adresse, la longue rue en pente douce, la grande maison blanche avec ses deux pointes qui se donnent l'air de tours, les swastikas sur la grille. C'est chez le bon docteur, celui qui ne vous juge pas, qui vous accepte, accepte tout, les pauvres rhumes, les oreilles qui bourdonnent, la peau qui gratte, les idées noires. Il ne demande rien, pas d'argent, c'est son loisir, sa mission, on ne sait pas trop, on s'en fiche au fond, il est là et il vous tend une cordelette à vingt nœuds.

Le cognassier fleurit, perd ses feuilles, disparaît sous la neige, bourgeonne. Un léger rougeoiement colore le ciel par là-bas, du côté de la guerre. Les malades se succèdent. Corps pétrifiés, mutisme, amnésie. Émile se penche, se redresse, ouvre les bras, éclate de rire et tous ses gestes sont l'autre nom de sa pitié.

Et que dit-il ?

Toujours la même chose. L'imagination qui sauve, l'autosuggestion qui soigne. Croisez les doigts, ouvrez les mains, levez-vous et marchez. Tout le monde ne marche pas. Il y a les déçus, leur regard sombre, les impatients, les incurables. Émile les attend à la sortie, il recommence, il s'acharne : ce sera pour demain, dans deux semaines, l'année prochaine peut-être. Certains se laissent convaincre, reviennent la fois d'après, insistent.

Qu'a-t-il à leur offrir ? Pas de miracles, en vérité. Il n'en promet pas, d'ailleurs, il répète souvent ça : *dans la limite du raisonnable.* La Méthode ne guérit pas les cancers, ne répare pas les os. Elle vient en plus. Un paralytique retrouve ses jambes d'un coup ? C'est qu'il était déjà guéri, sans le savoir. Il s'était persuadé qu'il ne pouvait plus marcher. Une autosuggestion a remplacé l'autre.

La plupart des malades acceptent, ils comprennent. Qu'attendent-ils, au fond ? Ce que nous demandons aussi, peut-être, à nos guérisseurs de tout poil et, parfois, à nos médecins : un regard d'attention.

Quand ils repartent, tremblants encore, se prenant par le bras, plus légers, le monde est comme une joie. Ils y croient. Ils aimeraient pouvoir y croire.

C'est un courage déjà que d'essayer d'y croire.

1915, puis 16, puis 17. Invitations dans les Vosges, en Alsace, à Valence, lettres de Mayenne, de Marseille, Émile est sollicité comme jamais. La France a besoin d'optimisme, la France et un peu plus : grâce à Charles, le précieux Charles, installé en Suisse désormais, Émile passe une semaine à Genève.

Là comme ailleurs, Émile est habile. Les cures sont gratuites, mais les conférences payantes. L'argent est reversé : reconstruction des villes détruites, Association des mutilés et anciens combattants de la Grande Guerre,

Association des invalides de guerre de Grenoble, Aveugles de guerre à Nice. Après chaque don, de nouvelles invitations, de nouvelles conférences, son nom dans le journal.

On l'invite à Paris, plusieurs fois. Il y a foule. On veut le voir. Essayer. Trouver un espoir. Annette est là, toujours. Elle applique la Méthode, la diffuse autour d'elle. Émile prend ses mains dans les siennes. Il n'a jamais tant reçu, ni tant bougé, ni tant donné.

Il vient de passer les soixante ans.

Grâce à la guerre, à cause de la guerre, la méthode Coué décolle vraiment. Émile a trouvé son regard où vivre. Il coïncide enfin avec lui-même.

Un soir, il fait cette confidence à Charles, qui la reproduira plus tard dans un livre : « Il y a dix ans, je n'avais pas énormément de goût à la vie, j'aurais accepté de mourir sans le moindre regret. À présent j'ai joliment envie de vivre. »

Lucie fatigue, parfois. La maison pleine de gens, la pelouse piétinée, Émile entre deux trains. Quand ce n'est pas pour la Méthode, c'est pour autre chose, Émile a tant de lubies, les coquillages, les vieux silex, l'histoire des religions. Il invite des savants, des voyageurs un peu louches, des tablées entières où l'on débat : qu'est-ce donc au juste que le yoga, l'hindouisme ? Le Christ était-il autre chose qu'un maître de sagesse ?

Les jours de solitude, les jours sans voyage ni malades, il s'épuise au jardin, caresse ses arbres, déchire des souches à coups de pioche. Il rentre en sueur, le visage blême, les mains rouges. Il parle vite. Une idée lui est venue, il faut un carnet pour la noter, elle sera formidable pour la causerie du surlendemain, à Toul, à Limoges, à Vincennes.

Et devant elle il a ce regard par en dessous, il tente le coup, il implore : si elle venait elle aussi ? Mais Lucie dit toujours non, les déplacements l'épuisent, ce n'est plus de son âge, elle a tant à faire, le piano, les chats à nourrir, ses neveux et nièces qui viennent faire les devoirs, les malades à accueillir, puis souffler, aussi, s'asseoir sur un fauteuil et ouvrir un bon livre, pratiquer son anglais, son italien, son russe. Il devrait faire attention, lui aussi, attention à son cœur, il s'essouffle si vite ces derniers temps.

Émile dégaine son sourire.

Elle murmure : La prochaine fois, peut-être.

Mais Émile est reparti, déjà, il répond au téléphone, il s'enferme dans son bureau, il saute dans un taxi. Lucie hausse les épaules.

Quand il est seul, quand personne n'a besoin de lui, quand il n'y a qu'elle, elle le sait bien : son petit grand homme s'emmerde un peu.

Été 1917.

La guerre, toujours, les mauvaises nouvelles du front, le sang des mutineries. Les bombes sur Nancy, encore.

Rue Jeanne-d'Arc, dans l'autre moitié de la maison, on s'inquiète. Marie Poirine va mal. Cinquante-sept ans, une santé de fer jusque-là. Mais depuis quelque temps, des vertiges, les joues qui se creusent, l'épuisement. Le médecin vient, ne trouve rien de spécial. Des ganglions enflés, oui, une petite infection, peut-être, il repassera. Les jours passent, il ne revient pas, appelé ailleurs, débordé. Marie va un peu mieux. Émile se rend à son chevet. Il l'aurait fait plus tôt, bien sûr, mais il rentre à peine d'un voyage dans la Meuse. Il pose la main sur son front. De la fièvre, pas trop.

— Je ne suis pas malade, dit Marie. Juste fatiguée.

Émile prend son pouls, visage impassible.

— Alors ? demande le colonel Poirine.

— Je ne sais pas. Ça n'a pas l'air méchant.

Il regarde Marie, pense : neurasthénie légère. Grippe. Petite faiblesse au niveau du cœur, peut-être.

— Je ne suis pas malade, répète Marie. J'applique la Méthode. Chaque matin, chaque soir. J'ai toujours cru en toi, Émile.

Puis elle tend la main vers la fenêtre.

— Je vois les arbres, moi aussi. Quand les feuilles seront jaunes, je serai debout, en pleine forme. Tu te rappelles, Émile? Je connais cette histoire. Lucie m'a raconté. Les feuilles jaunes, bientôt.

Le lendemain, sur l'insistance d'Émile, le médecin est de retour. La fièvre est tombée. Il ne sait pas quoi leur dire. Insomnie, asthénie, fatigue, tout simplement. C'est la guerre qui fait ça. Les années qui s'accumulent, aussi.

— Vous voyez? dit Marie. Je n'ai rien. Demain, j'irai mieux. Regardez.

Et elle leur montre sa cordelette à vingt nœuds.

28 juillet. La journée a été belle. Poirine sort de la chambre. Marie a l'air mieux. Il va manger un morceau avec Émile, au rez-de-chaussée.

Émile est rassuré. Elle est tirée d'affaire. Ce n'était rien, finalement. On imagine toujours le pire. Et si nous imaginions le meilleur, pour essayer?

Puis, sans plus rien dire, il regarde longtemps la pièce, étrangère et familière. Meubles torsadés, vases précieux, c'est le même luxe tranquille qu'à côté. Les couleurs sont différentes. Sur la table, des assiettes de porcelaine fine, délicatement ornées de fleurs, d'oiseaux, de cerises. C'est Marie qui les a peintes.

Mais Marie ne peindra plus. Marie ne verra pas les feuilles jaunes. Elle est à l'étage, dans son lit. Lucie lui tient la main. Il y a quelques instants encore elle semblait bien. Puis des sueurs soudaines, le visage rouge, un suffoquement. Lucie veut crier, appeler à l'aide. Rien ne sort de sa bouche. Lucie veut se lever, courir, chercher quelqu'un. Elle reste là, tétanisée. On ne s'éloigne pas d'une sœur qui meurt. Alors elle se lève et, avec le pied, le plus violemment qu'elle peut, elle repousse sa chaise pour qu'elle grince, pour qu'elle racle, pour qu'elle hurle à sa place. Toute sa rage, tout son amour, toute sa douleur de sœur ont convergé là, dans ce geste.

En bas, Émile, Poirine se redressent, comprennent, se précipitent dans l'escalier.

Poirine se jette au bord du lit. Émile se fige. Lucie se tait.

La suite ? Du brouillard. Les heures qui se bousculent dans la maison. Des regards lourds, des larmes. Du silence. Est-ce qu'on meurt sans raison, comme ça, en quelques instants ? Le médecin passe, lâche un mot sans être sûr : méningite. Poirine pleure. Lucie est prostrée. Émile s'approche d'elle, elle détourne la tête. Un prêtre vient. Quelques personnes, aussi, un voisin, la famille. La veillée funèbre va commencer.

Les Coué sont retournés chez eux pour se changer. Le silence, plus épais encore qu'avant. Lucie sort de la chambre, tout en noir. Elle dit :

— J'y vais seule.

Émile fait un geste de surprise.

— Non, laisse-moi.

Puis juste après, elle ajoute d'une voix blanche :

— Laisse-moi du temps.

Elle quitte la pièce. Ses pas s'éloignent. Par la fenêtre, les feuilles des arbres. Un bruit, Lucie revient ? Non, c'est le vent, une porte claque à l'étage.

Le vent. Émile prononce le mot. Le vent, comme ses

idées. Comme ses promesses. Rien, du vide, le néant. Et Marie qui l'a cru. Émile Coué, charlatan. Émile Coué, illusionniste. Émile Coué, la mort.

Il répète : Laisse-moi. Laisse-moi. Il répète ce qui n'a pas été dit : C'est ta faute. Ta faute.

Les souvenirs se perdent, il insiste, il creuse encore. A-t-il promis la guérison ? Non, pas vraiment. Il a fait venir un médecin. Il a fait ce qu'il fallait. On ne peut rien lui reprocher. Mais Marie croyait en lui, jusqu'au bout. Marie croyait en ses mots, en ses trucs, en son armure de carton-pâte. Marie aveugle à cause de lui. Marie victime, Marie trahie. Sa faute, sa faute. Et sa confiance à lui, sa stupide confiance devant Poirine ?

Il ne voulait pas cela. Il voulait juste aider, aider un peu, aider comme il a aidé Annette, Annette sa victoire, Annette son miracle. Mais s'il s'était menti ? S'il n'avait pas vu qu'elle aurait pu guérir sans lui, à son rythme, tout simplement ?

Il s'écroule dans un fauteuil. Dans la poche de son veston, quelque chose : une cordelette. Celle de Marie. Il l'a ramassée tout à l'heure, sur la table de chevet, près du corps. Émile Coué, voleur. Lentement, il la fait glisser entre ses doigts. Les petits nœuds résistent entre son pouce et son index. Il insiste, s'écorche un peu la peau.

La suite ? Du brouillard. Émile tape du poing contre une porte, déchire des carnets, retourne des tiroirs. Il piétine, écrase, éparpille. C'est une colère lente, méthodique, dirigée contre lui-même. C'est la colère qui rongeait son père, le grand trou, la spirale. La chose énorme, héritée, subie, éclatant soudain, des années et des années plus tard.

Puis un semblant de calme revient, une grande fatigue, la douleur pure. Il ouvre les yeux : face à lui, le petit miroir d'Annette. Depuis quand ? Comment ? Il ne sait pas. Sorti d'une armoire, sans doute.

Le miroir est brisé.

Il l'a jeté par terre, peut-être. Ou plié dans ses mains.

Il se penche, voit dans un débris sa grosse tête blanchie, sa tête de rentier, de bourgeois rondouillard, lui, le pharmacien de première classe, le barbichu, le président de la Société lorraine de psychologie appliquée. Une envie de rire le prend. Il fond en larmes. Il reprend le morceau de miroir, regarde encore. Il voit Marie. Il voit les assiettes peintes. Il voit Lucie qui lui dit : Non. Pas assez. Pas toi.

Il voit ses doigts, il y a du sang, il s'est coupé. Par réflexe, il marmonne : Ça passe, ça passe, ça passe. Ça ne passe pas, c'est pire. Il se tait. La douleur lui fait du bien.

Tournant soudain la tête, il voit la fenêtre ouverte, le ciel plein de bombes, il voit les nuages qui ont pour lui le regard de son père, il voit la pluie qui s'abat soudain, une pluie qui éteint tout, une pluie comme il en tombe sur les villes où l'on a cru en son étoile.

Le petit jour, du bruit, Lucie est rentrée. Elle s'avance vers lui, silencieuse et droite, les cheveux plus sombres que les siens. Elle est pâle.

Elle murmure : Cinquante-sept ans. J'en aurai cinquante-neuf dans un mois.

En Émile, quelque chose se desserre. Lucie lui parle.

Lucie accepte sa présence. Il s'approche d'elle, dit: Je vais préparer un bain pour toi.

Quatre jours passent. Les mots viennent, peu à peu.

Émile s'en veut, il a honte, sa Méthode c'est du vent, c'est du mensonge, sa faute, sa faute. Lucie dit non, il est trop dur, elle a été trop dure aussi l'autre soir, c'était le choc. Elle porte une tasse de café à ses lèvres. La chaleur est apaisante.

— Je vais tout arrêter, répète Émile.

Lucie pose la tasse. Un long moment s'écoule. Et de la voix lente de ceux qui ne doutent plus, elle raconte:

— Marie avait trois ans quand j'ai commencé le piano. Elle était jalouse. Plus tard, elle a pris des cours, elle aussi. Elle n'a jamais réussi à progresser, je ne sais pas pourquoi. Elle n'avait pas la patience. Quand c'était mon tour de toucher au piano, elle devenait toute rouge, elle pleurait, tapait du pied. Un jour, elle avait six ou sept ans, je lui ai dit: « Tu es une princesse, Marie. Les princesses ne jouent pas du piano. Les princesses sont là pour écouter. Quand je joue, c'est pour toi, juste pour toi. » Elle ne pleurait plus. Je lui ai dit d'aller dans un fauteuil et j'ai fait un petit concert pour elle. À la fin, elle avait un sourire, Émile, un sourire que je n'avais vu à personne. C'est la musique qui a fait ça. La musique, du vent, du mensonge. Quand tu reçois ces gens, Émile, quand tu leur parles, quand tu leur promets des merveilles, c'est du vent, oui. Mais avec ce vent, tu construis quelque chose. Tu apportes quelque chose, plus que tu ne crois. La musique m'a appris ça.

Après une pause, elle ajoute:

— Alors ces gens, dehors, qui t'attendent, tu vas les

recevoir. Et avec ce vent, ce vide, ce néant, tu vas leur apprendre à aller mieux. C'est la guerre, Émile, tu ne peux pas arrêter maintenant. Ma petite sœur est morte. D'autres vivront, peut-être.

Grands discours, main sur le cœur, drapeaux qui claquent. L'armistice, enfin. Partout, la mort, les blessures, les stigmates. Plus jamais ça. Reconstruire, maintenant. Surmonter.

Émile s'avance d'un pas, une cordelette au bout des doigts. On l'appelle. On le veut.

Il s'étonne. Moi ? Moi qui doute ? Moi qui n'ai pas sauvé Marie ? Moi le vieux ?

Oui, toi aussi. Même toi. Tout est bon à prendre quand il faut vivre.

Émile regarde autour de lui, voit les ruines, voit la détresse. Il voit aussi Lucie qui l'encourage, le cognassier qui perd ses feuilles, les petites gloires des jours passés.

Est-ce qu'il y croit encore ? La question ne se pose plus. Il avance. Il joue le rôle qu'on attend de lui. Il rouvre sa porte, fait de la place dans son salon, accueille les malades, encore, les délaissés, les fragiles, les sans-espoir. Les choses se font d'elles-mêmes, les lettres, les entretiens, les heures dans les gares, Émile suit le mouvement, la machine est lancée et la machine, c'est son corps aux mains gercées, aux pieds abîmés, mais il avance, Émile, il va où on l'envoie, spectateur de sa vie, traversé par le monde et le fuyant pourtant, chaque jour plus étonné, chaque jour moins maître.

Charles revient le voir et crie son allégresse : il est docteur ès lettres. Le sujet de sa thèse ? Émile. « Suggestion et autosuggestion ». Ce n'est pas tout. Les professeurs ont posé mille questions sur Nancy, sur la Méthode. Ils veulent l'inviter, lui, Émile. Ils veulent qu'il vienne parler aux étudiants.

Mais parler ne suffit pas, explique Charles, il faut faire plus, il faut écrire un livre. Pas un fascicule, pas un opuscule, un vrai livre, maintenant. Ce sera beau, ce sera précieux, ce sera comme un évangile d'espérance. Émile tâtonne, rature, bricole. Il finit par coller ensemble plusieurs conférences et finalement le livre naît : des principes généraux, une série de directives, des exemples. À la fin, un pot-pourri de lettres reçues, de témoignages, de citations. Le titre : *La maîtrise de soi-même par l'autosuggestion consciente.*

Quatre-vingt-quinze pages. Couverture jaune clair.

Ça sort à compte d'auteur en 1921.

Et là, miracle. Des commandes à n'en plus finir. Des traductions qui se préparent. Allemand, anglais, suédois, espéranto. Cent mille exemplaires seront vendus en trois ans. Au même moment, à Lausanne, la thèse de Charles est publiée. Pour lui aussi, traductions, emballement.

À Paris, à Bordeaux, à Londres, on court, on crie dans les rédactions, qui est cet homme, d'où vient-il, Émile comment déjà ? Pharmacien retraité ? Répéter les mêmes choses ? Et ça fonctionne ? Bon, j'envoie quelqu'un.

Rue Jeanne-d'Arc, on pourrait sentir le sol trembler. La queue s'étire. Appareils photo, crayons à l'oreille, calepins sortis. Les formules sont déjà prêtes, *le plus grand optimiste de France, les miracles de Nancy, l'éminent psychologue, un jardin tout en fleurs, cet aimable vieillard tout gris, tout rose.* Et les malades, toujours, les malades descendus des voitures, des trains, ça gronde et ça frémit.

Émile sort de la chambre, descend l'escalier, la porte est devant lui. Costume noir, nouvelle chemise, son cœur s'affole, il met la main sur la poignée, hésite encore un peu, ses yeux tombent sur un grand bouquet de roses. Lucie est derrière lui, glisse un mot dans son oreille.

Et de jour en jour, de semaine en semaine, c'est un flot, soixante, soixante-dix personnes à chaque fois, des séances qui s'achèvent, d'autres qui commencent dans la foulée, Émile tourne, Émile se penche, se redresse, ouvre les bras, éclate de rire et tous ses gestes sont l'autre nom de son angoisse.

Il a soixante-quatre ans. Il est une star. Sa vie, désormais, ne sera plus qu'une longue série de conférences, de voyages, de malades alignés devant chez lui. Chaque jour, des dizaines de lettres lui parviennent. Il répond. Il encourage. Il explique. Il donne des ordres.

C'est qu'il a son armée, maintenant, comme le vieux Lemoine avant lui, mais combien plus nombreuse, combien plus dévouée ! Dans toute la France, il a ses disciples et ses évangélistes. On se réclame de lui, on raconte son histoire. On se rend à Nancy comme on part en pèlerinage. Partout, médecins, infirmières, instituteurs, percepteurs, artisans, militaires en retraite prêchent la bonne parole, se réunissent en son nom, communient dans son nom. Partout, des fidèles se réveillent et se couchent en sachant qu'ailleurs, dans chaque ville, au fond de chaque village, d'autres qu'eux murmurent les mêmes paroles, au même moment peut-être, dans une même voix, triturant avec ferveur la même corde à vingt nœuds. C'était ce qu'ils cherchaient, peut-être : se fondre dans un groupe, appartenir, avoir une place. Ils sont *couéistes.* Ils sont heureux. Ils vont mieux de jour en jour. Tant pis si c'est faux, tant pis s'ils se lassent, tant pis si la douleur est toujours là, si la tumeur gonfle, si les corps se tordent, ils auront eu cela qu'on ne leur enlèvera pas : ils auront été moins seuls.

Il y a les incurables, les grands blessés, les cancéreux. Il y a les anxieux, les insomniaques, les sombres, les énervés, ceux qui ne mangent plus, ceux qui mangent trop, les fatigués, les endormis, les colériques, les curieux. Il y a les blouses noires et les blouses bleues, les fins gilets de soie, les tabliers, les chaussures pleines de terre, les colliers de perles, les culottes courtes et les rubans. C'est le monde en raccourci. Ils attendent. Ils espèrent. Ils sont la soif et le désir.

Aller mieux.

Aller mieux dans sa tête, dans son corps. Aller mieux de jour en jour. La vie comme longue convalescence. La fin des pesanteurs. Le temps qui se retourne : demain mieux qu'hier. Demain sans vieillir. Demain sans la mort qui s'avance d'un jour en plus.

Ils ont cet espoir-là. Ce désir vieux comme le monde. La veille, dans un journal, sur une affiche, ils ont vu ce petit homme rose qui, soudain, lui a prêté son visage. Alors les voilà, en file, lourds de leurs rêves, avec leurs mains jointes, leurs corps voûtés, tout ce qui vacille en eux. Ils viennent pour voir. Ils viennent pour croire.

Suis-je si différent d'eux ? Ils attendent, ils espèrent. J'écris. C'est pareil. C'est fuir. C'est se mentir. C'est regarder le monde, le grand réel vide et creux, et lui donner de beaux habits, le colorer de mots, tout miser sur ces mots.

Écrire, c'est cesser d'affronter. C'est l'aveuglement heureux. C'est une joie qu'on s'invente.

La vie meilleure.

Un soir d'été, Émile à pas de loup dans le salon. Lucie somnole, il fait chaud. Il ne trouve pas les mots, se plante devant elle, une enveloppe à la main. On le réclame, encore. Pas à Marseille, pas à Paris, pas à Genève. En Angleterre.

Lucie se redresse dans son fauteuil: En Angleterre? Le train jusqu'à Paris, le train jusqu'à Dunkerque, Calais ou Boulogne, puis le bateau, des heures de bateau, puis une fois de plus le train jusqu'à Londres. Sur place, un séjour prolongé, forcément. Lucie compte, Lucie calcule, elle devine la fatigue, elle imagine le pire, l'apoplexie, le courant d'air, la pluie battante.

Elle dit: Pense à ton cœur.

Émile passe la main sur sa barbiche, il songe à sa mission, à toutes ces années déjà données.

— Je pense à mes malades.

Il a dit ça vite, un peu moins doucement qu'il ne l'aurait voulu. Il se trouve prétentieux, s'en veut soudain, prend la main de Lucie, s'explique: c'est une chance, une occasion unique, on compte sur lui là-bas, un médecin veut créer un Institut Coué, se rend-elle bien compte ? Un Institut Coué, son nom, leur nom, tout près de Buckingham Palace.

Il répète : Un médecin, un vrai médecin.

Il est aux anges, il est si jeune dans son regard, alors Lucie lâche les mots qu'il attendait, un vas-y, un si tu veux, elle a compris de toute façon : Émile ne l'écoute pas, Émile n'est pas Émile, c'est un enfant, il est encore là-bas, dans les ruelles de Troyes, il court jusqu'au canal, sa mère souffle sur ses genoux couverts d'écorchures, il réclame un cerf-volant, il regarde les essaims d'oiseaux qui battent des cils là-haut.

Il est libre, Émile. Égoïste. C'est la même chose.

Et voici déjà qu'il fouille des papiers, demande où sont les timbres, veut prendre le téléphone.

Lucie sourit.

Émile va sortir, il est presque sorti, elle voit son dos de vieillard tout gris, tout rose. Il s'arrête brusquement, se retourne. Revient vers elle.

Dans un souffle il dit :

— Merci.

L'Angleterre, donc, et non pas une, mais quatre fois en moins d'un an.

En novembre 1921, visite de l'Institut Coué, à Londres. En mars 1922, Londres toujours, puis Birmingham, cinq conférences, salles combles. Aller-retour en juin pour un gala de charité à l'ambassade de France. Une photo ce jour-là : Émile, mini-canne à pêche à la main, au milieu de *ladies* à chapeaux. En octobre, deux semaines de tournée.

Un tour à Édimbourg, puis Manchester, Exeter, Oxford, Charterhouse. Partout, des professeurs en toge lui font fête, des étudiants l'acclament, des lords le veulent dans leurs *garden parties.*

Il aime ça, Émile. Tout le flatte et le passionne ici, sa vie est comme une fête. Où qu'il aille, il regarde les châteaux, les blasons, les papiers à en-tête. Il pense à son père cheminot, il pense à ses ancêtres dans leurs manoirs bretons. Il pense à son nom, son nom si court, si étrange, offert à toutes les cacophonies – Coué clown, pourquoi Coué ? –, il le prononce à l'anglaise pour voir, par jeu, avec un *é* qui s'étire et monte vers les aigus. Oui, ce pays lui plaît, il serait là chez lui.

Alors il y va, il y va au culot : il écrit à Buckingham Palace. Pas au roi, quand même pas, mais au duc d'York, son cadet, le prince Albert, le futur George VI. Le prince bégaie. Émile l'a lu ou entendu quelque part. Il offre ses services. Le prince le reçoit-il ? Sans doute que non.

Tant pis.

Il se console. Il se voit partout. Sur des affiches. Dans les vitrines : son livre fait un malheur. La presse ne parle que de lui. De ses *miracles.* C'est un paralytique qui se précipite pour lui tenir la porte. C'est un membre du Parlement qui part gravir les Alpes après des années d'asthme. C'est un aristocrate qui s'émerveille : voici qu'il digère de nouveau le homard. Et dans la presse comme dans la rue, de tous côtés, c'est un même cri qui résonne : *Every day, in every way, I'm getting better and better.* Des chanteurs de music-hall s'emparent de la formule. Des commerçants la font graver sur des bracelets. Des enfants l'ânonnent avec leurs maîtres.

Et dans tout ce vacarme, dans toute cette brume, Émile fait ce qu'il a toujours fait, il promène sa silhouette et son sourire, et il répète, il répète les mêmes histoires, les mêmes conseils, les mêmes *punchlines*, il n'a jamais guéri personne, il n'est pas un sauveur, juste un professeur, un petit professeur d'optimisme. Il dit ça dans son anglais à lui, correct et rocailleux, *Don't say I cannot, repeat after me: It's easy and I can.* Le ton est monotone, l'accent mauvais, mais qui s'en soucie, au fond ? Est-ce qu'on l'écoute vraiment ? On veut d'abord le voir. Ou mieux encore, pouvoir dire qu'on l'a vu. Car il est à la mode, Émile, le petit vieillard tout gris, tout rose, ça nous change de la guerre, ça divertit, on s'ennuie déjà de Freud, et c'est français, c'est chic, c'est comme du Chanel, ça nous va comme un gant cette Méthode, c'est bien coupé, facile à porter, tellement léger.

Alors ça repart pour un tour, des invitations encore, un fumoir, un boudoir, les jardins d'un hôpital. À Londres, la salle de Wigmore Hall est bondée. À Eton, la bibliothèque du collège ne peut contenir que la moitié des inscrits. À Chester, six cents personnes se pressent dans le réfectoire de la cathédrale. Le recteur prend la parole : Émile est le « meilleur chrétien qu'il connaisse ».

Émile hausse le sourcil, ce type est impayable, vraiment, Lucie va adorer, il imagine déjà la lettre, il écrira ce soir, quand il pourra. En attendant, il soulève son verre, il applaudit, il dit merci, puis, là comme ailleurs, il se penche, se redresse, ouvre les bras, éclate de rire et tous ses gestes sont l'autre nom de sa fierté.

Deux lettres.

Je passe vite sur la première. Couronne rouge en haut à gauche. À droite, en petites capitales : BUCKINGHAM PALACE. La date : 21 mars 1922. Le secrétaire particulier du duc d'York répond à Émile. Je reproduis le texte tel quel : « Il me désire à vous exprimer ses regrets très sincères qu'il ne sera pas ici pour vous voir. Le Duc est très content d'apprendre du bon succès de vos idées. Quant à son infirmité, il croit qu'il va mieux, mais quand même il n'est pas tout guéri. »

Sur la seconde, pas de couronne. On est la même année, le 4 mars. Katherine Mansfield écrit à son amie Ottoline Morrell. Je traduis : « Je ne peux pas dire ce qui m'arrive. Je crois – je crois juste, aveuglément. Après tout la maladie est si profondément mystérieuse que je ne vois pas pourquoi on ne pourrait pas se rétablir non moins mystérieusement. Il y a comme une petite voix qui me souffle en permanence que Coué est vraiment l'homme de la situation. »

Katherine Mansfield. Tellement plus qu'un futur roi.

La plus ardente, la plus vulnérable des écrivaines. Tellement plus encore : une blessure vive, le désir même de vivre. Et cette lettre, donc, ces quelques lignes sur Émile. Elle croit en lui. Elle a trente-trois ans, elle est à Paris, elle n'en finit pas de maigrir et de cracher du sang. Tuberculose. Le soleil de Menton n'aura pas suffi, les montagnes suisses non plus. Dix mois plus tard elle sera morte. Le temps d'une lettre, au moins, Émile est devenu le nom de son espoir.

Imaginer ça. Leur rencontre.

Et là encore je fais du Coué, j'invente, je rêve, elle est à Paris quand il n'y est pas, il est à Londres quand elle n'y est pas, elle retourne en Suisse quand il n'y est plus, puis finit sa vie cloîtrée à Fontainebleau. Mais le réel n'est rien, l'imagination fait tout, c'est Émile qui le dit, alors j'y suis, moi, je les vois, ils sont là, près d'une gare, dans un parc, c'est un jour bleu, pas de neige surtout, Katherine Mansfield détestait la neige, ils marchent côte à côte, le vieux barbichu et la jeune femme très belle.

Elle fait encore un pas puis cherche un mot dans une langue qui n'est pas la sienne. Lui pointe le doigt vers les arbres. Une mouche passe. Elle esquisse un sourire. Il dit : Vous irez mieux demain. Elle fait non de la tête, c'est assez d'être aujourd'hui. Elle le regarde, longtemps. Il se sent nu sous ce regard. Il baisse la tête, il est ailleurs, sa mère, les fleurs sur la table, les cercles sur la Seine. Elle est ailleurs elle aussi, elle voit la vérité en face : elle va de mal en pis. Tous les jours, à tous points de vue.

Il se lève, il va partir. Elle le retient. Elle veut lui dire merci, merci pour l'illusion, les instants plus légers. Il reste silencieux, elle le voit qui s'éloigne, son pas lourd, son chapeau rond. Elle sourit. Elle murmure, peut-être, qu'ils se ressemblent; qu'ils inventent tous les deux des histoires; qu'ils veulent qu'on y croie; qu'ils savent qu'elles sont fausses. Et que la vie fait moins mal quand on la vit avec des mots.

J'invente, bien sûr, et pour le mieux peut-être.

Katherine Mansfield en est restée là : à l'espoir et au rêve.

Une rencontre, peut-être, et nous aurions une lettre qui dirait : Je l'ai vu, quel bouffon. Ou encore : Il m'a demandé si j'étais constipée, quelle horreur. Ces Français ! Ou encore : Il n'a parlé que de Buckingham Palace. Ou encore : Il croit qu'une femme enceinte peut choisir le sexe de son enfant. Que les chauves verront leurs cheveux pousser.

Car c'est ça aussi, Émile, ça aussi il le répète, il le répète à Londres et à Oxford, il le répète à Nancy, à Genève, à Paris, à Marseille, des semaines entières y passent, toujours dans les trains, toujours ailleurs, toujours débordé.

Toujours les mêmes vérités. Toujours les mêmes salades. Toujours le même cri silencieux : Aimez-moi.

Nancy, le printemps. Lumière sur les flaques d'eau.

J'arrive rue Jeanne-d'Arc. Flamboiement jaune à gauche, devant la façade : un forsythia. Des mois ont passé depuis le stage. Grâce à Dominique, j'ai pris contact avec l'arrière-petit-neveu d'Émile. Il m'attend derrière la grille. Cheveux gris, beau visage, quelque chose d'usé dans le regard – le mot le plus juste serait : de la bonté.

Je le sais très occupé, journaliste, militant associatif, grand connaisseur du Brésil, mais il m'accueille chaleureusement, sans me faire sentir qu'il aurait mieux à faire qu'à recevoir ici un inconnu. Il a grandi dans cette maison. Ses parents, nonagénaires, y vivent encore mais sont ailleurs aujourd'hui. Il descend d'Émile Lemoine, le frère de Lucie.

Nous commençons par le jardin. Le cognassier a plus d'un siècle. Les séances avaient lieu par là-bas.

— Ce sapin-là, Émile Coué ne l'a pas vu, c'est mon grand-père qui l'a planté. J'étais là.

Au sol, des primevères dans l'herbe humide. Pas de

seringats *Boule d'argent,* de glaïeuls *Nuée bleue* ou de bégonias *Triomphe de Nancy.* Des fleurs simples.

Nous passons dans la maison. Je ne verrai pas le rez-de-chaussée, un cabinet d'avocats occupe les lieux, maintenant. Le bureau d'Émile s'y trouvait. Je découvre le reste, de la cave aux chambres de bonne. Les escaliers craquent sous nos pas. Au plafond, de fines moulures figurent des branches et des feuillages.

— Il est mort dans cette pièce. C'était sa chambre.

Je prends quelques photos, très peu – un miroir doré, un rebord de cheminée, un lustre. La cheminée est d'époque. Le reste, on ne sait pas trop. C'est devenu un salon. La fenêtre donne sur la rue. Une autre chambre, de l'autre côté du mur, est tournée vers le jardin. Celle de Lucie, peut-être, s'ils ne dormaient pas ensemble, on ne sait pas.

Mon hôte m'invite à m'asseoir. Il me présente une petite boîte de bois, une sorte de tiroir, remplie de lettres et de papiers. Il me les tend l'un après l'autre. Ce sont des factures, des reçus, des additions à n'en plus finir, *197 billets à 3 f, 89 billets à 2 f, location salle 120 f, affichage 8f50,* des invitations de partout, un déjeuner avec le ministre de la Santé de Grande-Bretagne, un dîner à New York, c'est une liste de patients avec des dates, des adresses, des diagnostics, *Mme Dreyfus, douleurs, Mme Gilbert, douleurs, Mme Noël, surdité, M. Vauthin, vertiges, Mme Ebel, neurasthénie,* c'est Lucie qui griffonne au dos d'une lettre *Si tu n'as pas ton carnet de chèques, je pourrai faire un chèque postal,* c'est le menu du réveillon à bord du paquebot *Majestic,* le 31 décembre 1922, *coquilles de foie gras, tortue verte au sherry, pluvier doré cocotte, asperges glacées sauce vinaigrette, mandarine givrée et mignardises*, c'est le secrétaire particulier d'un maharadjah qui écrit: « Son Altesse espère qu'après tous les efforts qu'il a faits Mme Coué n'insistera plus et consentira à votre départ pour l'Inde. »

De page en page, nous échangeons des regards, des sourires, nous nous lisons des passages à voix haute, soudain complices, soudain joyeux dans cette pièce où il est mort, Émile, et où il a été joyeux aussi, j'en suis sûr, je l'imagine là avec Lucie brassant les mêmes papiers, regarde, regarde Lucie, je t'avais bien dit que le chauffage de la salle c'était six francs, et oui, on a mangé de la tortue, tu ne voulais pas me croire, et regarde, lis cette ligne, regarde l'en-tête, *His Highness the Maharajadhiraj Sri Sewai Maharaj Veerandra Shiromani Dev of Alwar*, c'est à moi qu'il écrit, à moi, tu es vraiment sûre que je ne peux pas y aller? Et plus tard les neveux, les petits-neveux, je les imagine aussi, Lucie devenue très vieille et rouvrant la boîte les jours de fête, les jours de tristesse, les jours de nostalgie, venez autour de moi, regardez, ne touchez pas mais regardez, ça c'est de l'italien, cette lettre-là c'est du russe, de la tortue, oui, je me souviens bien de ce monsieur, il a passé deux semaines à Nancy, il n'avait pas de turban sur la tête, non, qu'est-ce que vous croyez, son tailleur était anglais. Et plus tard encore, les neveux devenus vieux, la boîte toujours la même, d'autres enfants rassemblés autour d'elle, puis les enfants devenus vieux, la boîte encore, et un jour je suis là, avec l'arrière-petit-neveu aux cheveux gris. Il me sourit tristement.

Je crois comprendre. Ouvrir la boîte, c'est rejouer ces scènes-là, sa curiosité d'enfant, son père ou sa mère penchés sur lui, le salon plein de vie, toute la maison pleine de vie. Là où je vois un lustre, une cheminée, des moulures avec des branches, il voit des visages perdus et la jeunesse déjà lointaine. La boîte est ce vertige : elle contient les jours enfuis. Elle nous annonce la suite : les pauvres pelures qui resteront de nous.

Quand je repars, il me dit :

— Vivre chaque jour comme si c'était le plus beau jour. On aimerait que ce soit possible, hein ?

Plus tard dans la journée, je retrouve Dominique chez elle, à Villers-lès-Nancy. Elle m'héberge pour la nuit. Je lui raconte ma journée, la maison le matin, les archives départementales l'après-midi. J'y ai lu les testaments d'Émile, l'inventaire de succession, les petites choses du quotidien : sa collection de coquillages, un gros pichet d'étain, un petit buste de Molière, une Vierge à l'Enfant, une pelle à fraises. Ces détails la font sourire.

Elle me raconte son grand projet pour l'association Sur les pas de Coué : un voyage aux États-Unis. Elle en rêve pour 2023, le centenaire. Il faut trouver des financements, c'est difficile.

— Mais Émile Coué disait : « C'est facile et je peux. » Le voyage se fera. Il faut espérer, toujours.

D'un coup, elle semble penser à quelque chose. Elle va chercher son ordinateur.

— À propos d'Amérique, tu connais ça ?

Devant moi, une page YouTube. Cheveux longs, barbe, petites lunettes : John Lennon.

— Il paraît que c'est la chanson préférée de Yoko Ono.

Elle clique.

Un bruit léger, comme le vent qui souffle, des clochettes qui tintent, puis une mélodie douce.

La voix s'élève, plus douce encore, *Close your eyes, have no fear, the monster's gone, your daddy's here,* et le refrain *Beautiful, beautiful, beautiful, beautiful boy.* La berceuse d'un père pour son enfant. J'interroge Dominique du regard. Elle lève la main, l'air de dire : Tu vas voir. Vient la strophe suivante, le père à l'enfant, toujours, *Before you go to sleep, say a little prayer: Every day, in every way, it's getting better and better, beautiful, beautiful, beautiful, beautiful boy.*

La chanson continue, Dominique rayonne.

Every day, in every way, it's getting better and better. « Tous les jours, à tous points de vue, ça va de mieux en mieux. » C'est bien lui, Émile dans le texte. Émile dans la bouche de Lennon, en 1980. Émile chanté, Émile vivant.

Nous restons longtemps sans rien dire, rêveurs.

Après le dîner, seul dans la chambre, je prends mon téléphone, j'écoute encore la chanson, je la laisse m'entraîner loin, vers l'enfance, vers les miens. C'est ça une belle chanson, le temps qui s'épaissit, se replie sur lui-même. Puis elle m'emmène plus loin encore, vers les autres, les centaines d'internautes qui, année après année, ont laissé des commentaires sur la page YouTube. Je les fais défiler. La plupart sont en anglais, je comprends l'essentiel. Et l'essentiel, ici comme ailleurs, c'est la douleur et la tendresse.

Les mêmes phrases reviennent, les mêmes lambeaux

de vie, c'était la chanson de ma mère, je pense à elle, mon père vient de mourir et j'écoute Lennon, on a joué cette chanson à l'enterrement de mon bébé, il avait treize mois, tu me manques, mon fils est mort, ma fille est morte et elle était magnifique, magnifique.

Partout, dans plusieurs langues, des Irène et des Joël, des mamans gaies et courageuses, partout le même cri, le même espoir d'une main tendue, d'une oreille quelque part, d'un regard qui ne se détourne pas tout à fait, et parfois ce miracle, cinq, vingt-cinq, quatre cent cinquante réponses pour dire : J'ai vécu la même chose, je suis avec toi, nous sommes ensemble.

Personne ne parle d'Émile, bien sûr, mais il est là, il est dans ces réponses, ces quelques mots simples qu'on répète : avec toi, pas seul, courage.

Je relève soudain les yeux, attiré par quelque chose. C'est la lueur d'un réverbère, un essaim d'oiseaux passe dans le ciel et, un instant, j'en suis convaincu : il est là aussi, Émile, il me fait signe, il va vers Nancy et le parc Sainte-Marie, il va vers le sourire de bronze et le flamboiement jaune, il est vieux comme le vent, il est né avant-hier, il est là pour toujours.

Tant qu'il y aura des monstres sous les lits, tant qu'il y aura des parents et des enfants pour souffrir, tant qu'il y aura des choses à voir derrière nos yeux fermés et des désirs pour demain, il y aura des Émile, certains seront des saints, d'autres des escrocs, mais des Émile, tous les jours, à tous points de vue.

Et ils chercheront des mots nouveaux pour parler à nos détresses.

Ensuite, pour lui, c'est l'extase américaine.

Année nouvelle et vie nouvelle. Le paquebot quitte Cherbourg le 27 décembre 1922. Le 4 janvier, Émile pose le pied à New York sous l'œil des caméras. Des *couéistes* convaincus préparent le terrain depuis des mois. Les piles de livres sont prêtes – le sien, celui de Charles, des ouvrages d'exégèse, des récits de guérison. L'annonce de sa venue a fait la une du *New York Times*. Les images passent en boucle dans les salles de cinéma.

Tout s'enchaîne, tout s'accélère, ça tourne, c'est le vertige. Il est partout, sur toutes les lèvres, sur tous les murs, dans chaque journal. *Monsieur Emile Coué, the most talked-of man in the world.* Taxis, grands hôtels, studios d'enregistrement. La Columbia Graphophone Company lance quatre disques sur le marché. Puis viennent le maquillage, l'attente dans une loge et les plateaux de carton-pâte : un court-métrage rien que sur lui, *The Message of Emile Coué.* Quelques jours encore et c'est la Maison-Blanche, la First Lady bat des deux mains, elle pratique la Méthode depuis des semaines.

Il hallucine, Émile. Et il galope, il galope comme jamais, quatre-vingts conférences en cinq semaines, New York, Washington, Philadelphie, Cleveland, puis Pittsburgh, Dayton, Detroit, Chicago, Buffalo, Rochester, le tout à soixante-six ans ou presque, trente-six jours de tournée, trente-six jours les pieds à l'étroit dans ses petits souliers noirs, la gorge sèche, la voix usée de chanter, chanter encore les merveilles de la répétition. Il est un peu grognon, parfois, à peine aimable, pas très frais non plus : il a l'air d'un « renard déshydraté », raconte un reporter.

Mais il s'accroche, il va où on l'emmène, dans des prisons, dans des écoles, dans les salles de théâtre. Et ce sont des dîners et des causeries, des causeries et des dîners, des séances de thérapie à n'en plus finir, des mains sur le dos et des séances photo. Comme en Angleterre, mais trois fois plus. L'Angleterre en plus fou, plus rapide, plus riche. Dans leurs églises, les méthodistes l'acclament comme l'un des leurs. Les milliardaires l'invitent dans leurs palais, dans leurs usines, les Carnegie, les Vanderbilt, Henry Ford.

Au pays des *self-made men*, Émile est un roi. Il regarde et partout les dollars, partout la performance, ce désir : se dépasser, gagner plus, triompher. C'était donc ça, la Méthode ? Émile fait non de la tête, lui veut soigner, soigner le corps, soigner l'esprit, rendre la joie. Il n'y pensait pas, même, que l'autosuggestion puisse se mettre au service du *business*.

Mais est-ce qu'il pense encore, Émile ? Il voit sa tête sur des assiettes, sur des bouteilles. Il voit des mères lui tendre leurs bébés pour qu'il les touche. Il voit la police monter sur la scène, à Detroit, pour l'empêcher d'être écrasé par la foule. Fini sa belle époque, il vit ses années folles. Plus rien ne ressemble à rien, c'est du délire du matin jusqu'au soir, des salles à quatre mille personnes, des ascenseurs jusqu'au cinquantième étage, des hommes d'Église qui l'accusent d'être l'Antéchrist et d'autres qui l'acclament comme le sauveur de la foi.

Alors il fatigue, Émile. Il compte les jours. Il guette la nuit, le silence, la vitre froide où il pourra poser son front. Il attend ce moment. Il attend ce face-à-face tranquille avec le ciel noir et les lumières de la ville. Pas de rôle à jouer. Pas d'Émile Coué, pas de personnage, pas de *miracle man.* Juste lui, ses doutes, ses questions, tout ce qui tremble.

Dès qu'il le peut, il s'échappe. Je reviens dans une heure, oui, oui, *I will be back tonight.* L'air des rues lui fait du bien. On le regarde, certains le reconnaissent, il baisse un peu son chapeau, presse le pas. Les camions le frôlent, la ville exulte, la ville crève de misère, des airs de jazz jaillissent des buildings. Il comprend qu'il vient d'un autre monde, d'un autre siècle. Le jour décroît, le vent se lève, les premières gouttes de pluie dessinent des monstres noirs sur la poussière. Une envie brusque le prend d'allumer des cierges quelque part. Il remonte une avenue, le sol vibre sous ses pieds, ça klaxonne de partout. Il avance, il s'essouffle, c'est un élan, une fièvre, et puis soudain l'y voici : la cathédrale St. Patrick, en plein cœur de Manhattan. Il s'engouffre dans la nef, lève les yeux, s'émerveille, c'est immense, plus qu'à Troyes, beaucoup plus qu'à Nancy, c'est effrayant de beauté, et en même temps comme vide, déjà vieux, glacial. Il est de trop ici, il le sait bien, il a perdu la foi, mais l'attirance est trop forte, il cherche quelque chose, l'espoir d'une flamme nouvelle, des pans d'enfance qui reviennent, un peu de calme, une pause, un répit dans sa course.

Bientôt, le silence. Une chapelle dans un coin, quelques statues, des fleurs sur un autel. Avec elles ressurgissent les années d'avant, la dureté de son père, les réserves d'angoisse pour la vie, et la joie, la joie quand même, là, dans la petite lueur d'un cierge qui semble devoir veiller pour toujours.

Émile se console.

L'instant d'après, il pense à sa mère. Il pense à Lucie. La douleur est de retour. À quoi bon faire les choses quand ceux qui comptent ne sont pas là ? Quand leur regard n'est plus sur vous ? Quand l'amour manque ?

Alors, dans cette chapelle, derrière un pilier, presque caché, seul enfin, adulé comme jamais, vulnérable comme jamais, le visage pauvre, le visage gonflé de tant d'absences, il s'avoue cela, Émile : il aimerait pouvoir encore, quelquefois, s'appuyer lourdement sur son vieux comptoir de pharmacie.

Et il découvre comme il est dur de s'entendre avec soi-même.

À Nancy, dans les semaines, dans les mois qui suivent, il y a l'ordinaire et les choses qui ne reviennent pas. Il y a le cognassier et les jonquilles, puis les roses, puis les lilas. Émile arrache des mauvaises herbes, c'est dimanche, il se repose ; le vieux Poirine vient parler du bon temps. Il y a le travail, toujours, les lettres par dizaines qui attendent des réponses. Il y a Lucie au piano, Lucie devant la porte, elle accueille les malades, distribue des brochures. Un jour, quelqu'un vient avec une drôle de machine pour l'enregistrer, elle aussi. Comme Émile, on a sa voix pour l'éternité, sur un disque. Elle dit la même chose que lui : Tous les jours, à tous points de vue, répétez cela chaque matin, chaque soir.

Il y a les bonnes nouvelles, les soutiens qui font plaisir, le maire de Nancy qui salue en lui un « bienfaiteur de l'humanité », ou, grâce à l'argent récolté en Amérique, les instituts Coué qui ouvrent à Paris, à New York, à Bruxelles, en Suède.

Il y a les visiteurs qu'on n'oubliera pas, Mary Garden, la cantatrice, la Mélisande de Debussy ; Roger Fry, un critique d'art anglais, qui, à peine rentré chez lui, chantera les louanges d'Émile à son amie Virginia Woolf ; le maharadjah d'Alwar, qui passe huit jours dans le meilleur hôtel de la ville.

Il y a les malades, les pèlerins, les curieux, massés dans le cabanon, qu'Émile fait agrandir. Il y a les chats dans le jardin. Il y a les testaments et codicilles. Il y a Maria, la cuisinière. Il y a les envieux, les polémiques, les caricatures dans les journaux, de plus en plus, mais Émile n'en a cure. Il y a le dessin d'Annette dans l'armoire et le miroir brisé dans un tiroir. Sur l'un des murs, le visage infiniment doux d'un bouddha : une belle estampe, offerte un jour par Charles.

Il y a la fatigue et la mémoire des morts. Il y a le corps d'Émile, toujours plus fragile, les gerçures, l'essoufflement.

Il y a ce nouveau rêve : aller en Inde, le pays de l'Éveil.

Il y a les malles et les taxis, car ça repart déjà, Émile reprend la route, l'Amérique à nouveau dans les premières semaines de 1924 – Chicago, Salt Lake City, San Francisco, Dallas –, puis Londres et Cambridge, la Hollande au mois de mai, Vienne en octobre, l'Angleterre encore en décembre, Rome et Florence début 1925, puis c'est le retour en Hollande, vingt-six villes de Suisse au printemps, Paris, l'Angleterre et l'Écosse en novembre, l'Allemagne en décembre.

L'année s'achève. Lucie s'affole. Émile dit : Je suis en pleine forme.

La neige tombe, c'est Noël dans quelques jours.

Dehors, une pluie vaguement neigeuse, paresseuse et douce. Les lueurs des lampes tremblent sur les vitres. Un papillon de nuit s'agite là-haut, près des moulures du plafond. Il fait chaud dans la pièce. Tout est calme.

Lucie est là.

Émile la regarde. Il regarde sa natte lourde, ses mèches blanches, la ligne des rides sur son visage. Il regarde les ombres sur sa peau, sa joue qu'il aimerait tenir dans sa paume. Il les connaît par cœur. Quand il est seul, parfois, il les dessine d'un geste. Il en tire de la joie, toujours, et comme de l'apaisement : Lucie est là. Elle l'a toujours été.

Émile l'ignore, bien sûr, mais elle va vivre encore près de vingt-neuf ans. Et lui ? C'est son dernier Noël. D'une manière ou d'une autre, il l'a compris. Notre corps sait de nous des choses que nous ne savons pas. Émile fait avec. Soixante-huit ans, déjà. Une vie de rencontres. De la chance. De quoi se plaindrait-il ?

Il se lève. Ses jambes sont engourdies, son dos raide. Lucie glisse un marque-page dans son livre. Elle sourit. Elle est jeune dans ce sourire. Émile sourit, lui aussi. Puis il s'approche des fenêtres et reste un peu là, dans la pénombre, rêveur.

Il pense à la pluie, cette pluie d'hiver qui mouille à peine et qu'on ne peut s'empêcher d'aimer. Il pense à la vie possible, à la vie meilleure, aux presque et aux peut-être. Il pense à Lucie, aux jours et aux semaines qu'elle a passés seule, au mystère qu'elle est restée pour lui, à ce monde où il n'est jamais vraiment entré, le piano, les poèmes appris par cœur, cette façon si simple et si directe qu'elle a de s'adresser aux autres, cette façon de tout comprendre tellement plus vite que lui. Il pense à ce qu'elle a fait pour lui, à sa présence discrète et nécessaire. Il pense à la joie, tout simplement, à la joie qui se ramasse, à la joie qui se cueille, à son poids, à sa forme, à ses contours, à cette joie qu'il s'est épuisé à chercher au bout du monde et qui, dès le début, n'a eu qu'un seul visage, penché sur le sien.

Il revient vers Lucie, lentement. Sans qu'elle s'y attende, il pose une main légère sur son ventre. Elle met ses yeux dans les siens, soudain troublée.

Elle dit : Ce geste. C'était il y a longtemps.

Puis : Émile.

Puis, après un silence : Tu n'as pas oublié ces années-là, alors ?

Émile fait non de la tête.

Il demande :

— Tu crois que la vie aurait été différente ?

— Je ne sais pas. Peut-être.

Le papillon les frôle, s'accroche à un rideau, ne bouge plus. Lucie l'observe un moment.

Elle finit par dire, d'une voix sourde :

— Nous avons été heureux, je suppose.

Émile sourit. Une douleur le saisit, quelque part, tout au fond. Il ne trouve rien à répondre. Des mots lui viennent, pourtant, des mots innombrables, merci, pardon, c'est grâce à toi, toi seule et pour toujours. Il reste silencieux. Elle est là. Que dire de plus ?

Mais le silence ne dure pas, Lucie se lève, déjà six heures, il faut bientôt y aller, son frère les attend pour Noël, les neveux, les nièces, la famille au grand complet. Sa voix est comme avant, énergique, colorée, viens, viens

Émile, allez, prépare-toi, change de chemise, ne nous mets pas en retard.

Émile répond : Attends. Attends, j'ai quelque chose pour toi.

Il a plusieurs choses pour elle, toute une pile de cadeaux, un volume de poésies, un châle de soie, une veste en tweed rapportée d'Écosse. Mais cela, il n'en dit rien pour l'instant, c'est pour plus tard, quand ils seront rentrés, ce n'est pas l'essentiel. L'essentiel, c'est une petite enveloppe qu'il sort de son veston, toute cabossée, avec des pliures dans les coins.

Lucie s'approche, regarde, ne comprend pas.

— Des graines ?

— Je les ai trouvées en Italie. Chez un pépiniériste. Il a connu ton père. Elles attendent là depuis des mois. Nous les planterons au printemps.

— Mais des graines de quoi ?

— Des feuilles d'un vert très sombre, des pétales d'un blanc doux, presque rose. Des clématites, Lucie. Des clématites *Lucie Lemoine.*

1926.

Fin janvier, Bâle, Berne, Zurich.

Deux semaines dans l'Est en février : un peu d'Alsace, la Lorraine. Le 26, à Épinal, une petite fête d'anniversaire. Soixante-neuf ans. L'âge de son père.

Puis Nancy, la maison, le jardin. Début mars, il repart. Zurich à nouveau, le 5, Lucerne, Berne, Bâle. Il est rentré le 11.

Il tousse. Il a la fièvre. Il dit : J'irai en Inde l'an prochain.

En avril, pas de voyage. Les séances à Nancy. La toux.

Un seul voyage en mai. Strasbourg, le 21. C'est la dernière conférence.

Il rentre. Des jours durant, il se penche, se redresse, ouvre les bras, éclate de rire et tous ses gestes sont l'autre nom de sa défaite.

Le 13 juin, fanfare et beaux discours au parc Sainte-Marie : on inaugure un buste à la mémoire de Victor Lemoine.

Peu après, Émile se couche. Une stupeur passe dans

ses yeux. Un médecin dit: Pneumonie. Deux semaines, encore. Il regarde la date sur le calendrier. L'été est là. Sur le cognassier, sans doute, les fruits commencent à se montrer.

Il demande: Les clématites, a-t-on planté les clématites?

Lucie pose ses mains sur les siennes.

Il imagine, Émile, pour la dernière fois peut-être il imagine. Une petite couronne rouge. Le bon docteur Liébeault, ses bras qui tournent. De grands essaims d'oiseaux qui battent des cils, là-haut. Des pétales d'un blanc doux, presque rose. Un jeune disciple. Une petite fille qui marche. Des femmes qui lui écrivent: *Je suis forte, vaillante, courageuse. Que ne vous ai-je rencontré plus tôt?* Et derrière ses yeux clos il se penche, il ouvre les bras, il éclate de rire, il y a tant à faire encore, un projet du côté de la Chine, un autre en URSS, et puis l'Inde, l'Inde, le lieu ultime, le pays des mantras, le pays de l'Éveil.

Il sourit.

Lucie lui sourit en retour. Elle écoute, elle devine, elle comprend.

Elle dit: L'Inde. Je viendrai. Tu auras ton chapeau rond. J'aurai une ombrelle bleue.

Il répond: Je ne meurs pas, puisque tu es là.

Il sourit. Il grimace. Quelque chose grogne dans sa poitrine. On est le 2 juillet, le jour se lève, dans la chambre c'est la lumière de six heures.

Il peut encore parler. Il répète: Ça passe, ça passe, ça passe.

Il sourit.

C'est passé.

Puis on prononce de beaux discours, on change les fleurs au cimetière, on redit *pour toujours* puis, lentement, à Nancy comme à New York, on commence à oublier son bon visage rose, rond et barbichu. Ses disciples se démènent, les salles se vident. C'est Émile qu'on voulait. Son charisme.

Les disques, les livres finissent dans les placards, puis dans les caves, puis sur les trottoirs sous la pluie. Lucie vieillit dans la grande maison blanche, anime encore quelques séances de thérapie, accueille les curieux de passage et les derniers fidèles. En 1936, le temps d'une heure ou deux, fanfare et beaux discours : Émile aura lui aussi son buste au parc Sainte-Marie. Lucie est là, elle a soixante-dix-huit ans, elle est toute petite sur la photo, le visage fermé, un grand bouquet dans les mains.

À un moment, avant, après, je ne sais pas, elle est seule au salon, elle rouvre des cartons, et elle classe, Lucie, elle trie, elle revit, elle replonge dans ces années de partage, car c'était ça aussi, la Méthode, une aventure à deux, un long compagnonnage amoureux. Elle prend les enveloppes et les annote, *Lettre du ministre de la Santé*, *Lettre d'introduction de l'ambassadeur des États-Unis à Paris pour celui de Rome*, et elle fait des listes, Lucie, *Conférences du 14 au 28 février 1926, ordre des conférences, itinéraire*, elle rejoue sans cesse le film des dernières semaines, elle retrace chaque déplacement, compte les jours. Elle ne fait pas ça pour elle, ni même pour lui. Elle fait tout ça pour nous, pour la postérité, pour l'Histoire, car elle y croit, Lucie, elle imagine, elle est sûre, ces papiers seront lus un jour et ce jour-là, la mémoire d'Émile sera chérie.

Et un soir, un matin, sur une feuille tapée à la machine, à côté de *Strasbourg*, à côté de *Mai, 21*, elle ajoute à la main : *dernière conférence.*

Les années filent. On change les fleurs au cimetière, les disciples vieillissent, Lucie rejoint Émile. Les instituts Coué ferment. Les pigeons se posent sur le buste. Mais il s'accroche, Émile, il est malin, toujours là, comme une ombre, c'est un fantôme, il s'est trouvé de nouveaux noms, un peu coaching, un peu médecines douces, un peu pensée positive, Émile est mort, vive Émile ! Il est partout, Émile, il se penche, se redresse, ouvre les bras, éclate de rire, et il chante, il n'est pas seul, Émile, il s'appelle John Lennon, c'est l'été 80 en Amérique, il s'approche du micro, il prend sa voix la plus douce et il chante, Émile, *Close your eyes, have no fear, the monster's gone*, et il lui dit encore ça, Émile, *Before you go to sleep, say a little prayer : Every day, in every way, it's getting better and better*, puis il répète, il répète le refrain, *Beautiful, beautiful, beautiful, beautiful boy.*

Il est devant mes yeux, le garçon magnifique.

C'est toujours la même photo, le costume de judoka, le visage dans la lumière. Elle est au mur, face à moi. Je tourne un peu la tête, vers la droite. Je vois la neige, la plaine, les images se déroulent avec lenteur. Un homme marche, couvert de haillons, les yeux perdus. Devant lui, trois silhouettes noires, tout un monde, tout ce qu'il cherche. Il crie *Tonya, Tonya,* ses yeux se noient, ce n'est pas elle, il est seul dans la neige. J'ai déjà vu ce film, *Docteur Jivago.*

Irène a la télécommande dans la main, elle a voulu éteindre. J'ai dit c'est pas la peine, elle a coupé le son. Les sous-titres continuent à défiler. Les souvenirs des derniers jours défilent, eux aussi. Je rentre à peine de Nancy, la veille c'était la maison d'Émile, les archives, le dîner chez Dominique, vivre chaque jour comme si c'était le plus beau. Je n'ai pas voulu rentrer chez moi sans passer par l'Alsace, voir mes parents, voir Irène.

Dans la chambre, un pot de fleurs, des chocolats, des flacons ici ou là. Irène ne quitte plus jamais son lit. Nous échangeons quelques mots, très peu. Tout ce qui arrive vraiment arrive dans le silence.

Je dis n'importe quoi, une platitude, comment va-t-elle ? Elle est juste fatiguée, c'est tout ce qu'elle répond, sa fille me l'avait dit quelques semaines plus tôt : depuis la mort d'André, elle ne se plaint plus de rien. Elle attend. Elle laisse la vie s'éloigner d'elle, par petites couches. Son visage n'est plus qu'un oui à ce qui reste.

À l'écran, Jivago trouve une lettre. La lettre dit : *Quel bonheur, on m'a dit que tu étais vivant.* Le regard d'Irène se perd quelque part. Elle est seule dans ce regard.

Puis elle penche le visage vers moi. Me sourit.

Elle dit : Ah, Étienne. Puis : Je suis contente.

Et, lentement, elle continue à s'éteindre, lumineuse encore, dans l'acceptation de tout et dans la neige.

Je l'ignore, je le sais, je le sens : je ne la verrai plus. Le printemps s'achèvera, l'été viendra, l'automne. À la fin du mois d'octobre, Irène s'en ira tout à fait. Quatre ou cinq jours plus tard, il y aura les mots d'adieu dans le temple du village. Les arbres luiront sous un soleil fragile, dans le vent. De loin, juste en passant, je verrai la petite maison rose, habitée par d'autres gens. Le cercueil sera couvert de fleurs. Le pasteur parlera de Joël et de la joie.

Devant le temple, l'une des filles d'Irène s'approchera de moi. Elle m'annoncera qu'il y avait une feuille, dans la chambre, à la toute fin. Une feuille avec mon prénom, puis des ratures. Je ne saurai jamais ce qu'Irène voulait me dire. Ce silence lui ressemble.

Écrire, c'est peut-être ça : répondre à une lettre jamais reçue.

Avant de repartir, ce jour-là, je demanderai à mes parents de me conduire au pré. Je ne reconnaîtrai rien, sauf la rivière. Le hangar, l'ancien potager, l'étendue d'herbe : tout sera moins grand que dans mes souvenirs d'enfance. Le village sera moins loin, les arbres moins nombreux. Je comprendrai cela : j'avais mal regardé, autrefois. On ne regarde jamais assez tant qu'il est temps. On se dit que les choses seront là pour toujours, sous nos yeux. Il faut qu'elles soient finies pour comprendre comme elles nous échappent et comme elles nous manquent. Et il faut qu'elles soient finies depuis longtemps pour comprendre ça, aussi : c'est parce qu'elles finissent qu'elles sont belles.

Mais pour l'heure, je suis encore là-bas, près d'Irène. Elle respire lourdement. Elle commence à s'endormir. Elle me fixe une dernière fois, dit : Tout va bien.

Je l'embrasse sur la joue, je m'en vais.

Je suis dans le hall, j'aimerais rester un peu, prolonger une présence, retourner dans la chambre. Quelque chose me retient. Je m'assieds. Le temps s'écoule. D'autres personnes sont là, des ombres passent sur les corps, les visages. La buée danse sur les vitres. Une vieille dame, silhouette menue, semble assoupie dans un fauteuil trop grand pour elle. Sa tête tremble légèrement. Assis à côté d'elle, un vieil homme se penche vers elle et ajuste un peu l'écharpe qui lui sert d'oreiller. Il regarde par la fenêtre, sourit. Elle prend sa main puis ils restent sans bouger, veillant l'un sur l'autre, ensemble et seuls, sous les dessins d'enfants, sur le mur.

Pendant quelques instants, aucun bruit, pas un murmure, c'est comme un souffle qu'on retient. Puis une porte s'ouvre, une poussette, de jeunes parents. Après eux, une petite fille, le visage fourré dans un sac en papier, puis les dents pleines de miettes. La vie s'obstine.

Je ne repars pas, je regarde, j'attends. Sans m'en rendre compte, je crois, je ferme les yeux. Je suis ailleurs. Je suis au pré. C'est l'année de mes seize ans, André demande : Tu veux faire quoi plus tard ? Je suis idiot, je crâne : écrivain. André se met à rire, sa voix est ironique : Tu veux écrire des romans d'amour ? Je ne réponds rien, je vais vers la rivière, j'ai l'âge où tout devient blessure. Mon père m'appelle : On va rentrer. Il me montre un cahier, un livre d'or, Irène et André aiment qu'on leur écrive un mot après une journée au pré. Je ne sais pas quoi mettre, je suis au lycée, j'ai commencé le grec, mon père dit : Mets du grec. Je ne veux pas, ça pourrait les blesser, les exclure, ça fait snob. Mon père insiste, je cède, j'ai honte de cette distance, j'aimerais partir. Irène vient, elle m'embrasse, elle me dit : C'est joli les lettres grecques. Je souris comme je peux. Je ne suis plus là, j'ai quatre ans, je pense à l'annonce dans la cuisine, le J, le O, le Ë, le L, et maintenant, maintenant, alors que j'écris ces mots, alors que le soleil donne sur ma fenêtre, que le vent soulève le rideau, ce souvenir premier me revient comme jamais, je le répète, je le redis, je le revis, je vois la couleur du carrelage, le torchon qui sèche sur la poignée du four, des pâquerettes dans un verre d'eau, puis le couloir, chaque pièce, la maison rose, la petite cour, je pourrais les toucher, j'y suis, j'imagine et j'y suis, je vois Irène en larmes, sa main sur son visage, ses épaules qui tremblent, sa robe avec du vert, du bleu, et dehors c'est la neige, car il neige toujours dans les souvenirs d'enfance, et si j'ai tant raconté, tant inventé, heureux d'écrire comme Émile de parler, un peu charlatan comme lui, mêlant comme lui le vrai au faux et le rêve à la vie, si j'ai dit la foi, les petites victoires et les miracles, si j'ai écrit les mains tendues et les malades, si j'ai chanté les enfants magnifiques et les promesses que la vie ne tient pas, si j'ai fait tout cela c'est peut-être pour qu'il neige, oui, pour que la neige descende sur eux tous, lentement, apaisante, une neige comme il n'y en a qu'aux premiers jours et dans les songes, une neige qui pourrait se cueillir comme la joie, une neige qui nous ramène l'enfance et tomberait sur nos vies de douleur et d'espérance, une neige qui tresse les souvenirs et les visages, pour qu'elle me donne les mots et me rende ce jour-là, mes seize ans devant André et l'occasion de lui répondre ce que je n'ai jamais dit :

Oui, des romans d'amour.

Note bibliographique

Ce livre doit beaucoup à l'admirable étude d'Hervé Guillemain, *La méthode Coué. Histoire d'une pratique de guérison au XXe siècle* (Seuil, 2010), ainsi qu'aux travaux de Dominique Notter (« Émile Coué et la seconde école de Nancy », conférence prononcée à l'académie Stanislas le 25 janvier 2019) et de Thierry Lefebvre (« Émile Coué et les médias », *Revue d'histoire de la pharmacie*, 2012). M'ont aussi été précieux, parallèlement à la consultation d'un certain nombre d'articles de presse de l'époque sur le site Gallica (BnF), divers ouvrages publiés par les thuriféraires de Coué, comme *Émile Coué. Sa méthode, son esprit, son influence* (Librairie Félix Alcan, 1928), recueil d'hommages rassemblés par Charles Baudouin. Ce sont les *Bulletins de la Société lorraine de psychologie appliquée* (1922-1926) qui m'ont permis de reconstituer la chronologie des derniers voyages du thérapeute. À ces textes s'ajoutent ceux d'Émile Coué lui-même, qui sont notamment reproduits en partie dans *La méthode Coué, la maîtrise de soi par l'autosuggestion consciente* (Marabout, 2013). L'extrait de la lettre de Katherine Mansfield trouve sa source dans *The Collected Letters of Katherine Mansfield* (éd. V. O'Sullivan et M. Scott, Oxford University Press, vol. 5, 2008, p. 88).

Remerciements

Mes remerciements les plus chaleureux vont à Monique Lafont, petite-nièce d'Émile Coué, à qui je dois d'avoir pu tourner les pages d'un album de photographies anciennes, à Christian Delon, qui m'a ouvert la porte de la maison qu'habitaient les Coué à Nancy, ainsi qu'à Dominique Bolusset-Sabisch, qui m'a notamment donné accès aux reproductions de documents conservées par l'association Sur les pas de Coué.

Je voudrais également remercier Sandra Guidetti, Vanessa Guidetti, Thomas Hirsch, Philippe Manevy, Alexandre Palhière, Francine Paulus, Anne Robatel et, *last but not least,* Christine Vulliard, ainsi que les conservateurs des archives départementales de Meurthe-et-Moselle.

Ma gratitude s'adresse ainsi à la direction et aux équipes des Éditions Gallimard et, tout particulièrement, à mon éditrice et amie Charlotte von Essen, dont le regard attentif, la confiance et la clairvoyance m'ont accompagné à toutes les étapes de l'écriture de ce roman.

Merci à mes parents, pour leur inestimable soutien.

Et comment, pour finir, ne pas remercier Anne, première lectrice et dédicataire de ces pages ? S'il y a de la joie dans ce livre, c'est celle d'avoir pu l'écrire à ses côtés.

L'invention de la joie 13

La méthode 71

Miracle man 123

Note bibliographique 185

Remerciements 187

Composition : Entrelignes (64)
Achevé d'imprimer sur Roto-Page
par l'Imprimerie Floch
à Mayenne, en juin 2024.
Dépôt légal : juin 2024.
Numéro d'imprimeur : 105010.

ISBN 978-2-07-307583-3 / Imprimé en France.

637086